資本家マインドセット

三戸政和
株式会社日本創生投資
代表取締役CEO

NEWS PICKS × GENTOSHA 幻冬舎
NEWSPICKS BOOK

資本家マインドセット

はじめに

サラリーマンよ、これからの時代は「資本家」として生きていこう。

そのためのマインドセット（思考様式、考え方の枠組み）を書いたのが、この本だ。

「資本家」とはいったい何をする人だろうか？

私よりも上の世代なら、マルクス経済学を思い出すかもしれない。マルクス経済学における資本家は、簡単に言ってしまうと、労働者から搾取して利益を手に入れる「悪役」だ。

マルクスの思想を知らなくても、資本家＝ブラック企業の経営者、みたいなイメージを抱く人は多いかもしれない。

好きなことを、好きな人と、好きなようにやる人。

これが私の考える「資本家」だ。

「好きなことを、好きな人と、好きなようにやる」というのは、TSUTAYAを運営するCCC（カルチュア・コンビニエンス・クラブ）の社長・増田宗昭さんの言葉だ。

これを聞いたとき、私は大きく心を揺さぶられ、そんな人生を歩んでいこうと胸に刻んだ。

私はいま40歳。人生の折り返し地点を過ぎ、残り時間を逆算するようになってきた。同世代の経営者とは、とにかく突き詰めて「好きなことを、好きな人と、好きなように」やれる環境を整え、実行しよう、と語り合っている。

では、どうしたら、そんな人生を歩むことができるのか？

そのための具体的な方法についてはこれから述べていくが、すべての核になるのは、**「他人の時間」を生きるのではなく「自分の時間」を生きる**、ということだ。

「好きなことを、好きな人と、好きなように」やって生きていくには、有限の時間を最大限に活用しなければならない。他人の都合に振り回される、「他人の時間」を生きている暇はないし、「自分の時間」の効率も最大化させなければいけない。

これからは、キャッシュリッチではなく、タイムリッチになったものが、人生の勝者なのだ。

私はこれまで、ベンチャーキャピタリストとして、1000人以上の資本家（起業家）と出会い、共に遊び、働いてきた。彼らがどのような場面でどう意思決定し、どう行動に移してきたかを、つぶさに見てきた。

華々しく株式上場し、もしくは、自分の会社を売却し、莫大な資産を築き上げた資本家たち。

彼らに共通していたのは、どうしたら時間対効果を最大にする＝**最短の時間で最大の効果を上げられるのか**を常に考え、実践していることだった。

資本家として生きようとは、かつての「ヒルズ族」や「ネオヒルズ族」のような豪華絢爛《けんらん》、金がすべての人生を送ろうと言っているのではない。

また、スティーブ・ジョブズやマーク・ザッカーバーグ、イーロン・マスクのように、24時間365日、人生のすべてを事業に投下し、巨万の富を築こうと言っているのでもない。

資本家とは、お金からも、働くことからも、自由な存在だ。

転職や出世競争で年収を数百万円上げようと考えるのは、サラリーマン・マインドセット。

そのような、過当競争を強いられるのにリターンはわずかしか得られない土俵で戦っていては、「好きなことを、好きな人と、好きなようにやる」人生には死ぬまでたどりつけない。

他方、資本家たちが使いこなしているルール「資本家マインドセット」を体得し、戦う土俵を変えれば、サラリーマン時代と同じ労力で、数十倍、いや数百倍以上のアウトプットを得ることも可能だ。

なぜか？

理由は簡単。資本主義のこの世界では、**ゲームは資本家にもっとも有利に働くよう**

いるのは当然だ。

になっているからだ。ルールをつくった側にいる資本家が、ゲームの勝ち方を知って

私自身、ほんの数年前までは、いちサラリーマンだった。だが、多くの優れた資本家と出会い、さまざまな実体験を通じて、「資本家マインドセット」を体得し、資本家の仲間入りをした。完璧ではないが、「好きなことを、好きな人と、好きなようにやる」人生を歩めるようになってきた。

そんな「資本家マインドセット」を、「このままサラリーマンをやっていていいのだろうか？」という不安や問題意識を持つ人たちとぜひシェアしたい。そう思って書いたのがこの本だ。

さらばサラリーマン。ようこそ資本家の世界へ。

目次

資本家マインドセット

第1章
資本家とは何か？

第２章

サラリーマンでは金持ちになれない

第3章

サラリーマンは絶滅する

第４章

資本家への道――私の場合

第5章

会社を買って「資本家」になる

第6章 資本家の仕事3原則

第7章　資本家マインドセット10カ条

［10］

声は大きく！

第1章

資本家とは何か?

孫正義さんの「時給」は高くない

売上約9兆円、営業利益約1兆円を叩き出し、従業員数約7万人を抱える会社を一代でつくり上げたソフトバンクの孫正義さん。携帯事業、通信事業だけでなく、約10兆円のソフトバンク・ビジョン・ファンドまで運営している。

そんな孫さんの時給はいくらか？　講演会などで受講者に聞いてみると、「100万円ぐらい？」とか「300万円にはなるでしょ」といった答えが返ってくる。

ここでの時給を、「労働」への対価と考えると、孫さんの場合、時給換算できる年収は、役員報酬の約1億3000万円。会社で年間約2000時間働くとすると、時給は約6万5000円だ。これは、マッキンゼー・アンド・カンパニーのような有名コンサルティングファームのコンサルタントより安い。

その一方で、孫さんには時給という枠組みではとらえられない莫大な収入がある。自分が持っている会社からの配当収入だ。ソフトバンク株の時価総額は、およそ10兆円。孫さんはその約20％にあたる約2兆円を所有している。

そこから得られる配当収入は、年間およそ約100億円。役員報酬が「労働対価」なのに対して、こちらは「株主対価」、そこには「労働時間」が存在しない。

いわば、孫さんは約2兆円の値打ちを持つニワトリの持ち主だ。そのニワトリが、毎年約100億円の「金のタマゴ」を生んでくれる。役員報酬の約1億3000万円は、そのニワトリにエサを与えて育てる「労働」への対価というわけだ。

「労働」してエサを与えれば与えるほど、ニワトリは大きくなり、たくさんの卵を生んでくれる。「労働」が相乗効果を生む「仕組み」をうまく利用しているのだ。

「資本家」は「投資家」とも「経営者」とも違う

孫さんのような例を出されても困る、とても真似できない、と思うだろうか？

そんなことはない。私の考える「資本家」は、ふつうの人間には手の届かない遠い存在ではない。その気にさえなれば、誰だって資本家として生きることができる。会社の株を持って、その経営を自分のコントロール下に置けばいい。それだけだ。

ただし、単に株式投資をして配当やキャピタルゲイン（売却益）を受け取る立場になるだけでは、資本家とは言えない。それはただの「投資家」だ。

投資家の場合、投資した会社が利益を上げれば儲かるが、経営がうまくいかなければ損をする。自分でその経営をコントロールしているわけではなく、「他人」である投資先経営陣の能力に依存している。ある種のギャンブルみたいなものだ。

たとえば、上場している会社の株を買って0・00001％ほどの株主になっても、経営に自分の意向を反映させることはできない。経営陣の方針やさまざまなマクロ環境など、会社の業績は自分の実力とは関係のないところで決まる。

もちろん「先見の明」は問われるから、投資家自身の能力に関係ないとは言えない。だが、それは自分の予想に基づいて馬券を買うのと変わらない。

私の言う資本家の生き方は、それとはまったく違う。あくまでも**自分の手腕によって会社の事業を成長させ、そこから利益を得る**のが資本家だ。競馬にたとえるなら、馬主みたいなものである。

馬主が騎手や調教師とは違うのと同じように、資本家は実際に会社の現場で指揮を取る「経営者」とも違う。株式会社では、制度上、資本と経営は切り離されている。そこが分離されているので、資本家は現場のことを経営者に任せておける。したがって、日々の実務はそんなに多くない。経営者はひとつの会社しか手がけられないのに対して、資本家はいくつもの会社を自分の支配下に置くことができる。

資本家になるのに資産はいらない

「会社を支配下における ほどの株を手に入れるには莫大な資金が必要でしょ？」と思う人もいるだろう。でも、そんなことは全然ない。拙著『サラリーマンは300万円で小さな会社を買いなさい』（講談社＋α新書）の続編『サラリーマンは300万円で小さな会社を買いなさい　会計編』でも書いたし、本書でもあらためて別の章で書くが、小さな会社の値段は意外に安いものだ。

実際に、日本M＆Aセンターが運営する「バトンズ」というM＆Aのネット仲介サービスには「300万円以下の譲渡案件」というカテゴリーがあり、サラリーマンの貯金程度で買える会社はいくらでも見つかる。いまの日本は、中小企業の「大廃業時代」を迎えようとしているからだ。

経営者の高齢化が進み、後継者が見つからない中小企業は、いまは順調に利益を上げていても、中長期的には続けていけない。そのため、「信頼できる人が引き継いでくれるなら安くても売りたい」と考えるオーナー経営者は大勢いる。廃業すれば工場などをたたむのにお金がかかるから、「タダでもいい」というケースもあるぐらいだ。

ちなみに私自身は、貯金などいっさいない状態で「資本家」になった。いま私は「日本創生投資」という30億円の投資ファンドを運用し、いくつかの会社を手がけている。その仕事を始めるにあたって自分で出した資金はたったの2万4900円。

これに、投資家の「他人資本」を効果的に使いながら、成功報酬をうまく組み合わせ、それなりに大きな金額を動かす「資本家」となった。

「お金を生む仕組み」をつくるのが資本家の仕事

では、資本家の仕事とは何なのか。

先ほど会社の株を持って、経営をコントロール下に置けばそれで資本家だと述べた。経済学的に言えばそういうことになる。だが、私が考える資本家の仕事の本質はそこにはない。

「お金を生む仕組み」をつくること。

それが、私が考える、資本家のいちばん大事な仕事だ。

「働く」という字は「人が動く」と書く。だがそれが働くことの本質だとは、私は思わない。働くことの目的は「何かを生み出すこと」にある。だったら、できるだけ少ない動きで効率良く働いたほうが、より多くのものを生み出せることになる。

時間は誰にとっても有限だ。1日24時間、1年365日しかない。

しかし同じ1年間で、300万円しか稼げない人もいれば、3億円稼ぐ人もいる。

では、3億円稼ぐ人は、300万円の人の100倍動いているのだろうか？

もちろんそんなことはない。300万円の人のほうが3億円の人より長時間働いているようなケースは、世の中にたくさんある。

サラリーマンの働き方は、基本的に「人（自分）が動く」だ。有限の時間を切り売りしているから、稼ぎが爆発的に増えることはない。

これに対して資本家は、同じ時間の中でお金を何倍にも増やす。サラリーマンの稼ぎ方が「足し算」だとすれば、資本家は、時間効率を高めて限られたリソースを何倍にも膨らませて、**「かけ算」で稼ぐ。**

お金を生む「仕組み」とは言っても、もちろん、その内実は人。人が動かなければ富を生むことはできない。だから資本家は、**自分ではなく他人に動いてもらう。**

「人を働かせて利益を得る」と聞くと、まさにマルクス的な「搾取する資本家」という悪役イメージを抱くだろうか？

でも、社会が資本主義経済で動いている以上、そういう仕組みになるのは必然だ。ブラック企業のように、過労死に追い込むまで理不尽な働き方をさせるのは論外だが、資本家と労働者の両方がいなければ、世の中の経済は回らない。

高額な報酬を手にしているサラリーマンは少なくない。大企業の雇われ社長なら、年収は億単位だろう。そういうサラリーマンとして生きることを、私は決して否定しているわけではない。

ただ、「はじめに」で述べたように、オーナーシップがなければ「好きなことを、好きな人と、好きなように」やって生きていくのは難しい。

それだけではない。

過労死するほどでなければ、イヤなことぐらい我慢できる。それで定年まで、そこその給料を安定してもらえるなら、自分はサラリーマンとして生きるので十分幸福。そんな人生計画が、これからの時代には成り立たなくなるのだ。

サラリーマンでは金持ちになれないどころか、じつはサラリーマンという職業自体が近い将来に絶滅する――ということについては、次の章で述べる。

お金は幸福になるための「ツール」にすぎない

お金を生む仕組みをつくるとか、かけ算で稼ぐとは、金融資産や不動産を持って、そこからの収入で食べていくことでしょう？　と聞かれることもある。

私の考えではそれは「資産家」の生き方で、「資本家」ではない。

資産家は、お金を貯め込むことでお金を生む。だから、あまり積極的にお金を使わない。基本的には、自分の資産を「守る」ことで生きていく。いわば、お金そのものを「目的」とするようなライフスタイルだ。

私の定義する資本家にとって、お金は生きていく上での「ツール」にすぎない。だから、儲けたお金を貯め込むのではなく、次の事業にどんどん使う。そうやって自分のやりたいことを次々と実現していくのが、資本家にとっての幸福だ。

そもそもお金それ自体には、何の価値もない。誰にとっても、本来は自分なりの幸福を手に入れるためのツールにすぎない。

「人はお金だけでは幸せになれない」とよく言われるが、本当にそうだ。

私は数百億円の資産を持つ大金持ちも知っているが、会うといつも家族の愚痴ばかりこぼしていたりして、全然幸せそうじゃない人は多い。

だから、資本家の目的は守るべき資産を持つことではない。

少なくとも私は、お金は「使ってナンボ」のものだと考えているので、貯金なんかまったくしていない。**稼いだら、そのお金を次に何に使うかを考える。**

この本では、このあともお金の話が多く出てくるし、「いかに資本家は儲かるか」という話もする。だが、私が「資本家になろう」と言うのは、「お金持ちになろう」

と言うのとは違う。このことは何度でも強調したい。

どんなにお金を持っていても、それにふさわしい「マインド」を持っていなければ、資本家にはなれない。逆に言えば、お金なんか持っていなくても、必要なマインドさえあれば資本家として生きていくことができるのだ。

1カ月5時間の稼働で売上100万円

「お金を生む仕組みをつくる」とは具体的にはどういうことか？

孫さんの例では、あまりに自分からかけはなれていると思われるだろうから、ぐっと身近で手に届くケースとして、私のことをお話ししよう。

2018年4月、私は最初の著書『サラリーマンは300万円で小さな会社を買いなさい』を出版した。その後、本の内容をさらに深掘りした個人M&Aのノウハウを知りたいという要望が多く寄せられた。

そこで、DMMが運営するオンラインサロンサービスで、「サラリーマンが300

万円で小さな会社を買うサロン〜個人M＆A実践団」という私塾のようなものを開設した。

開始2カ月でメンバーは１００人を超え、本書執筆時点では、１３０人。月額制で、メンバーは毎月、会費1万円を支払って活動している。ＤＭＭへの使用料や経費を支払った残りとして、私は、このサロンから月に１００万円ほどの収入を得ている。

このオンラインサロンの運営に、私は「自分の時間」をどれくらい使っているか？

メンバーは、実際に会社を買うために、投資先を探している人たちだ。投資検討先が出てきたときに、フェイスブックの非公開グループ上に質問などをアップすると、私や別のメンバーがコメントをする。それを踏まえて案件を進めていく、というのがサロンのおもな活動内容だ。

また具体的な投資案件がなくても、「M＆Aど素人勉強会」や会員同士の進捗報告会のような自発的な勉強会が、ゲリラ的に開催される。メンバー同士で知識を共有し、交流を深めることで、互いにレベルアップを図り、個人M＆Aを実行するための後押しをしている。

この運営のために私が使っている「自分の時間」は、1日に10分にも満たない。月に1回のリアルな勉強会への出席を入れても、1カ月に5時間ほどにもならないだろう。

私が「自分の時間」を使わなくても、メンバーの自発的な活動によるイベントなどが増えると、サロンの価値は自動的に上がっていく。

メンバーの質問に対するコメントは、アーカイブされてあとでも見られるようになっているから、何度も同じコメントをする必要がない。蓄積されたノウハウを書籍化するなど、次なるマネタイズも可能だろう。

サロンの運営は、スマホさえあれば、世界中どこにいても、いつでも対応することができる。隙間時間を使うだけなので、私にとって実質的な負担感はほぼゼロだ。

といって、私はメンバーから搾取してぼろ儲けしているわけではない。

サロンのメンバーに対する私のアドバイスは、私がやっている日本創生投資という投資ファンドが手がけてきたM&Aのノウハウに基づいている。これまでだったら、このようなノウハウを手に入れるには、投資ファンドに入社するくらいしか手段がなかった。

「門外不出の秘伝の味」を月1万円で手に入れることができるというのは、自分で言うのもおこがましいが、安すぎるくらいだ。

また、同じ目標を持つメンバーと知り合い、悩みや課題を共有しながら、個人M&Aを実行に移すことができるというメリットも大きい。

メンバーは、これらに価値があると感じているから、サラリーマンにしたら決して安くはない月額1万円という会費を払っている。

私は、M&Aのコンサルを相対《あいたい》、つまり1対1でお願いしたいと言われても、月10万円でも、50万円でも絶対に受けない。時給や月給によるコンサルをしていたら、「自分の時間」が拘束されてしまう。

収入を得るという点を考えれば、自身が運営する投資ファンドを拡大していくことに力を割いたほうが圧倒的に効率的だ。

個人M&Aを普及させて、サラリーマンに資本家という新しいキャリアを提供すると共に、日本の優良な中小企業を救いたい。そんなふうに考えて、私がつくった仕組みが、このオンラインサロンだ。

だが、もし、これをビジネスだと考えれば、「自分の時間」を使わなくてもよい、高度に仕組み化された収入源になるだろう。

「仕組み化」とは「自分の時間」を極力使わなくすること

このようなビジネスモデルは、「会員制モデル」や「サブスクリプションモデル（定期購入モデル）」などと呼ばれ、情報価値のマネタイズの方法として以前から存在していた。

それが、ネットはもとより、スマホが浸透したことで、運営側にとっても、会員になる側にとっても、参加のハードルがものすごく低くなった。情報提供コストを限りなく抑えて、広く顧客に価値を提供することができるようになったからだ。

資本家は、このような「仕組み化」できる方法を絶えず探しているし、実際に探し出して活用することが得意だ。

なぜか？

それは彼らが、人間にとって**時間こそがいちばん貴重な資産**であり、「仕組み化」が「自分の時間」を極力使わなくて済む方法であると知っているからだ。

ある仕事を「仕組み化」し、あとは「他人」や「機械」に任せ、「自分の時間」の余白を生んで、新たな仕事に取りかかる。その仕事も「仕組み化」して余白を生み、新たな仕事へ。そうやって価値を創造し、最大化させていくのである。

なぜホリエモンはキックボクシングをするのか？

ホリエモンこと堀江貴文さんは、以前に「寿司屋に修業はいらない」と言って、賛否両論を巻き起こした。

ビジネスの観点から高級寿司屋を見ると、職人一人一人のスキルに依存する部分が多すぎて、「仕組み化」しづらい。規模を大きくして売上を増やしていくのが難しい。

これを「仕組み化」するためには、修業という属人的で言語化しづらい職人制度から、誰でもスキルを習得できるマニュアルによる教育に切り替える必要がある。

高級寿司屋の対極にあるのが、マクドナルドなどのファーストフードだ。アルバイトがつくっても、同じ品質で提供される。

このご時世、高級な魚の仕入方法や、美味しい寿司のレシピなどの情報にアクセスすることは、昔に比べてはるかに簡単になった。それを活用すれば、何年も修業しなくても、誰でも短期間で、高級寿司屋で提供しているような寿司を握れるようになる。そうすれば、店舗展開も可能になり、売上も伸ばしていける。

そのような文脈での「寿司屋に修業はいらない」発言だったのだ。

ちなみに、堀江さんの「仕組み化」は、あらゆるところで徹底されている。

たとえば講演会やイベントでは、終了後、登壇者と参加者が集合写真を撮ることがよくある。だが、それだと、自分の出番が終わってもすぐ帰ることができず、撮影まで待っていなくてはならない。また、写真を撮る一瞬すら無駄だと考えている。どうせ写真を撮っても、肴のアテ程度、その場かぎりの他人の自己満足に消費されるだけだからだ。

そのために「自分の時間」を奪われるのはイヤなので、超精密な自分のお面をつくって秘書にかぶってもらい、撮影はそれで済まそう、と言っていたくらいだ。

また、「自分の時間」効率を上げるために、最近では、体を鍛えるトレーニングは、キックボクシングにシフトさせている。

キックボクシングは、一気に心拍数が上がり、全身運動なので体全体に筋肉がつく。私も堀江さんに誘われて行っているが、全力で10分間もミット打ちすれば、立ち上がれないほど体力も筋力も消費する。体感的な時間対効果で言えば、ランニングの10倍は効率的なのではないだろうか？

私が知っている範囲で、もっとも資本家度の高い人のひとりが堀江さんだ。

堀江さんの発想は、まさにすべてが資本家マインドセットのお手本だ。

「自分の時間」はもっとも希少性の高い有限な資本

経済学的には、「資本」はお金や株式などの「金融資本」と、建物や設備などの「物的資本」、労働時間や労働技術などの「人的資本」に分けられる。いわゆる、ヒト・モノ・カネだ。

「金融資本」や「物的資本」を使い、お金がお金を生む仕組みをつくるというのが、一般的な資本家のイメージだろう。

だが、この章で述べてきた「仕組み」の成功のカギを握るのは、前にも述べたように、「時間」という「人的資本」だ。なぜなら、資本家にとっては、「自分の時間」のみが有限であり、それ以外の資本は無限に存在するからだ。

「金融資本」「物的資本」に加えて、**「他人の時間」という「人的資本」を活用しながら、自分の人的資本を最大効率化させる**——資本家がつくるべき「仕組み」を言いかえると、こういうことだ。

それにより、希少性の高い「自分の時間」を、自分が望む人生の価値創造に、全力投入することができるようになるのだ。

第2章
サラリーマンでは金持ちになれない

家賃日本一のオフィスビルに入居しているのはどんな会社？

第1章では、「資本家」として生きていくことを提案した。

それがきわめて魅力的な選択肢のひとつだと信じているからだ。

だが、それ以上に、これからの時代のビジネスマンは、資本家にならなければ幸せになれない、少なくとも**資本家としてのマインドセットを持たなければ生き残れない**という、差し迫った事情がある。

この章ではそのことについて話していく。

仕事でオフィスビルに入ったとき、私は目的のフロアに直行しない。ロビーのテナント一覧をしげしげと眺める。どういう立地のビルに、どんな会社がオフィスを構えているのかに興味があるのだ。

新丸の内ビルディングに入っている企業

36階	**金融**	**レッグ・メイソン・アセット・マネジメント**
36階	**金融**	**ウエスタン・アセット・マネジメント**
35階	**金融**	**カーライル・ジャパン**
35階	**金融**	**レッグ・メイソン・アセット・マネジメント**
32階	メーカー	日本真空光学
30階	メーカー	AGC(旭硝子)
29階	法律事務所	モリソン・フォースター外国法事務弁護士事務所
27階	**金融**	**シンプレクス・ファイナンシャル・ホールディングス**
27階	**金融**	**シンプレクス・アセット・マネジメント**
26階、25階	**金融**	**三菱UFJリース**
24階〜15階	**金融**	**SMBC日興証券**
14階	人材	パソナ
13階	研修	KEE'S
13階	**金融/不動産**	**日本商業開発**
13階	メーカー	日本信号

(2019年2月現在)

当然だが、オフィスビルの家賃はどこも同じではない。同じ東京都内でも、場所によって坪単価にはかなりの違いがある。

200坪以上の大規模オフィスの家賃相場を見ると、いちばん高いのは千代田区の丸の内・大手町周辺で4万円ぐらい。ブランドイメージが良くて高級感のある青山や六本木と比べても、1万円以上は高い。

その丸の内界隈でもいちばん家賃の高いオフィスビルは、おそらく東京駅の目の前にある新丸の内ビルディングだろう。単純な話、日本でいちばん家賃の高いこのビルに入居できる会社は、それだけ儲かっているにちがいない。

では、どんな会社が入っているのか?

最上階（36階）のレッグ・メイソン・アセット・マネジメントは、アメリカを本拠とする世界有数のグローバル資産運用グループ。同じ階のウエスタン・アセット・マネジメントは、その運用子会社だ。

35階は、カーライル・グループの日本法人。カーライル・グループは同じくアメリカを本拠とする、投資ファンドだ。投資家から集めた資金で会社を買い、その企業価値を高めてから売却する。つまり、私の日本創生投資と同じビジネスである（もちろん規模はカーライルのほうがはるかに大きいが）。最近では、沖縄のオリオンビール買収でニュースになった。

つまり、いちばん高い（たぶん家賃も高い）2つのフロアを、いずれも金融系の会社が占めている。さらに27階から13階までを見ると、ここも金融系がずらりと並んでいる。

ちなみに、このビルに入っているメーカー3社はいずれも三菱系。新丸の内ビル自体が三菱系だから、それぞれの実力で入居しているわけではないだろう。

そう考えると、日本でいちばん高いオフィスビルは、ほぼ金融系の会社に占拠されていると言っていい。

これを見ただけで、金融系がいかに儲かるか想像がつくだろう。実際、ほかの業種とくらべると、金融系は儲かり方のレベルが違う。

なぜそうなるのか？

それは、この世が資本主義社会だからだ。

投下された資本が次の資本を生んで増殖していくのが、資本主義のシステム。そこでは、お金の流れる仕組みやその使い方を知っている者が強い。

金融業は、お金を使ってお金を増やすビジネスだ。だから、儲かる。

新丸の内ビルのテナント一覧は、その現実を一目瞭然のかたちで私たちに教えてくれる。

投資ファンドほど効率の良いビジネスモデルはない

20兆円もの資金を運用しているカーライル・グループとは比較にならない規模だが、私のやっている日本創生投資というファンドも順調に利益を上げている。

日本創生投資を始めて実感したのは、「投資ファンドというのはうまく考えられたビジネスモデルだ」ということだ。

自分がこの仕事を始めるまでの経緯はまた別の章で話すが、私が最初に就職したのはソフトバンク・インベストメント（現・SBIインベストメント）というベンチャー・キャピタルだった。将来性のある若い会社を探して投資し、経営にも参画して、起業家と共に会社を育てていく仕事だ。

業種も業態もさまざまな会社が相手なので、その仕事を通じて、私は1000以上のビジネスモデルを見てきた。そういう自分の経験に照らしても、投資ファンドのビジネスモデルはじつによくできている。

堀江貴文さんによれば、勝ちやすいビジネスの基本は**「初期コストがかからない」「在庫を持たない」「粗利率が高い」「定期的な収入がある」**の4つ。

どれも簡単なことのように思えるが、この4つを兼ね備えるビジネスを考えるのはなかなか難しい。

利益率の高い商品の製造や販売をしようとすれば、工場などの初期投資が高くつくし、在庫もある程度は抱えざるを得ない。

ところが投資ファンドというビジネスには、この4条件がピタリと当てはまる。

まず、初期コストはほとんどかからない。前にも述べたが、私がファンドの立ち上げ時に使ったお金はたった2万4900円だ。ほかにも契約のための弁護士費用などがかかるが、これは最終的に投資家に負担してもらうので、こちらのコストにはならない。

また、物を売るわけではないので在庫がないのは当然だが、私の場合はオフィスさえない。丸の内に形だけのシェアオフィスがあるが、そこにかかる経費はタカが知れている。

さらに、粗利率は「高い」どころかほぼ100%。商品の仕入れや製造にかかるコストがないのだから、当然だ。

4つ目の「定期収入」も、管理報酬というかたちでもらうことができる。投資ファンドにおける管理報酬の相場は年間およそ2％。私がやっているのは30億円のファンドなので、一般的な相場にあてはめれば年間約6000万円となる。それをファンド終了まで定期的に受け取ることができるのだ。

もちろん、収入はそれだけではない。投資先の企業価値を高めて売却し、キャピタルゲインがあれば、そのうちの20％を成功報酬として受け取る。

誰が最初に考え出したのかは知らないが、リスクを最小限に抑えて大きな利益を出せるという点で、これ以上に効率の良いビジネスモデルはないだろう。

元手なし、オフィスなし、スタッフ3人で30億円回す

日本創生投資の事業の概要は左の表にまとめた。

後継者問題を抱える事業の継承、経営管理の失敗による事業の再生、企業再編や若

日本創生投資のビジネスモデル

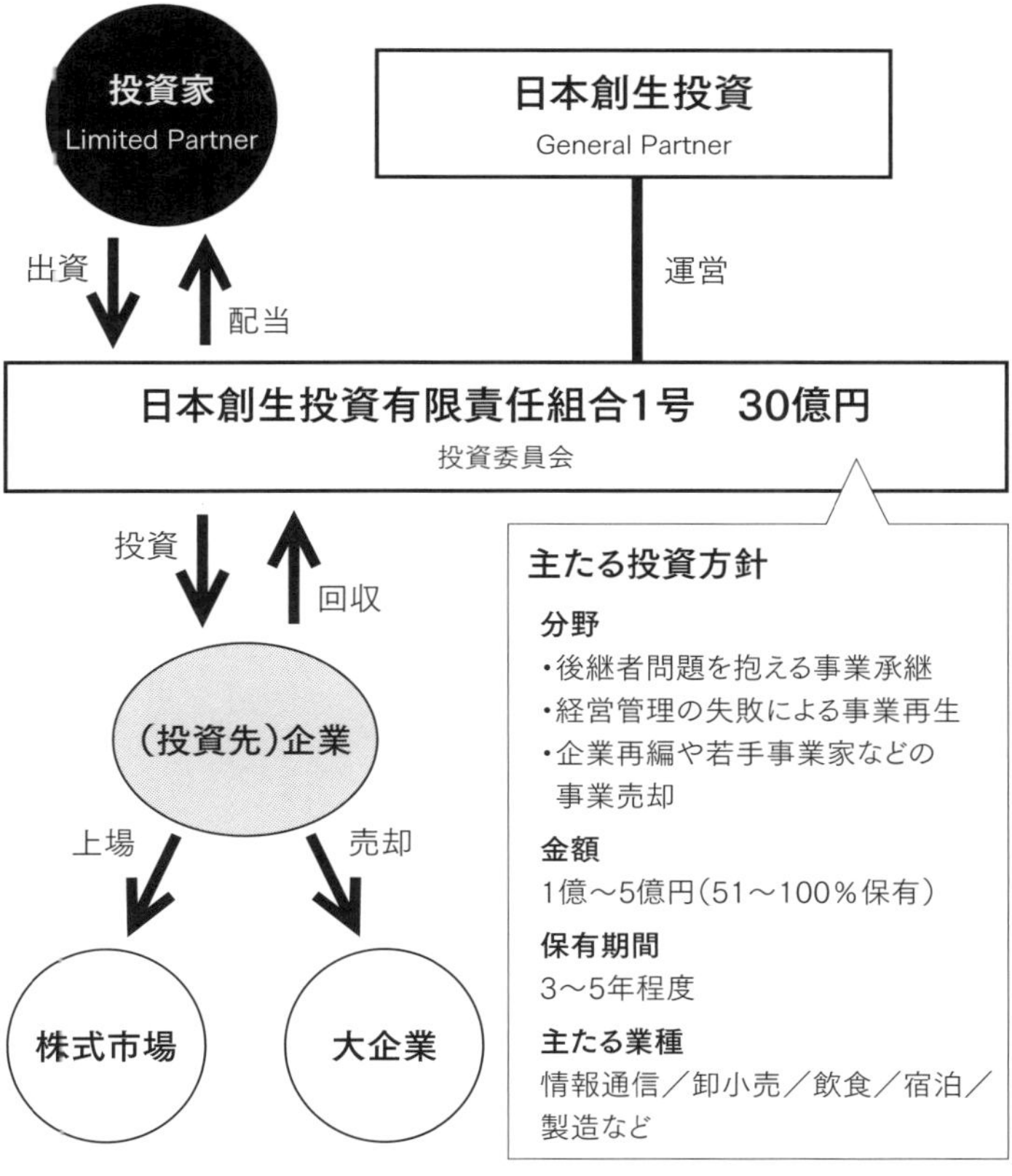

手事業家などの事業売却などが、おもな投資方針だ。

そのような会社の株を基本的には100％保有して経営に参画し、企業価値を上げる。その会社を株式市場に上場、もしくは大企業に株式譲渡するのが、それぞれの案件のエグジット（出口）である。

いまのところのファンドのリターンとしては、投資額は2倍以上、案件ごとの投資利回りは70％を超えるようになった。

株式譲渡を売り手と買い手の1対1で行えば、投資額の2、3倍が限界だ。だが、これを10倍ぐらいにする方法もある。

日本創生投資のこれまでの投資先を合わせた売上は90億円弱。純利益は4億円を超えている。

もし、この投資先を「日本創生投資ホールディングス」というかたちでひとつにまとめて、その株式を上場したとしたら、いったいどれくらいの値がつくだろうか？

現時点でそんな予定はないのであくまでも仮定の話だが、ちょうど同じレベルの実例がある。食品関係の中小企業をいくつも買収して、2年ほど前に上場を果たしたヨシムラ・フード・ホールディングスだ。

中小企業を買収するというビジネスモデルはほぼ同じで、純利益も私たちと同じ4億円強。そのヨシムラ・フード・ホールディングスは、いまの時点で時価総額187億円という値をつけている。

上場しようとすると、さまざまな管理コストなども増えるので、それとまったく同じことになるとは言えないが、いま「日本創生投資ホールディングス」を立ち上げて上場すれば、低く見積もっても、時価総額が100億円を超えるのは間違いないだろう。

これまでに、投資先を買収するのにかかったのは合計10数億円程度。1対1で投資先をエグジットするのではなく、上場という選択をすると、まさに10倍ぐらいの価値になる可能性がある。

もちろん、株式上場するには管理体制の構築などのさまざまな対応が必要で、企業の継続性や成長性なども求められるので、一様に比較はできない。だが、株式譲渡に際して、価格交渉の相手先を1人だけにする（1対1で交渉する）のと、広く声をかける（証券市場で投資家を募る）のでは、価格形成のあり方が大きく違う。

株式上場という、金融の世界では当たり前の知識を持っているのと持っていないのとで、同じことをしていても、これほど大きく結果が変わる。

そしてこのような事業を、日本創生投資は私を含めてたった3人でやっている。元手なし、オフィスなし、スタッフ3人。

それでこれだけの規模のビジネスを回せるとは、知らない人が聞いたら詐欺のように思われるかもしれない。だが、投資ファンドとは、こういうものなのだ。

自らは動かず、お金がお金を生む仕組みをつくる。それによって、時間給を「足し算」するだけのサラリーマンとはケタ外れの利益を生み出す。投資ファンドとは、資本主義社会の中でも、きわめて資本家的なビジネスモデルだと言える。

サラリーマンの出世競争は「合成の誤謬」

「合成の誤謬《ごびゅう》」という経済学用語がある。

ミクロのレベルで正しいことを集めれば、マクロのレベルでも正しい結果が生まれそうに思えるが、必ずしもそうではない。全員が「これが正しい」と思って同じ行動をした結果、予想しなかった悪い結果が生じることがある。これが「合成の誤謬」だ。たとえば劇場の客席で舞台を見ているとしよう。前の人の頭が邪魔で見にくい場合、立ち上がってしまえば問題は解決する。ミクロの視点では、それが正しい。

でも、ひとりが立ち上がれば、その後ろの人も立ち上がる。みんなが「よく見るにはこれが正しい」と思って立ち上がったら、結局はみんな座っていたときと見え方は変わらない。

どうしてこんな話をしているかというと、日本のサラリーマンが「合成の誤謬」を犯しているように感じるからだ。

サラリーマンがライバルよりも良い収入を得ようと思ったら、仕事でどんどん結果を出して出世競争を勝ち抜くしかない。ミクロの視点では、それが正しい。

しかし、当然みんなも同じことを考える。劇場の場合と同じように、みんなが出世のために競争すると、結果的にそれほど大きな差はつかなくなってしまう。

もちろん、全員が社長の座までたどりつけるわけではないから、それなりに差はつく。でも、雇われ社長になったところで、給料が何ケタも増えるわけではない。

大差をつけるためには、**出世競争から離脱して、別の戦い方をする**必要がある。

では、どうするか？

これに対するひとつの答えを与えたのは、２０１３年に出版されてベストセラーになった、藤原和博さんの『藤原和博の必ず食える1％の人になる方法』（東洋経済新報社）という本だ。

この本によると、サラリーマンや公務員の平均時給は３０００～５０００円。それに対して、何らかの専門職になると、高い人では時給３万円程度になる。

それより高いのは、ボストンコンサルティングやマッキンゼー・アンド・カンパニーのような有名コンサルティングファームのコンサルタントで、こちらは時給８万円程度だ。

正規雇用でないアルバイトの時給が８００～１０００円だとすると、上から下まで、時給には１００倍ぐらいの開きがある。

酷な言い方をするようだが、時給が低いとは、稀少性がなく評価されていないということ。逆に言えば、多くの収入を得るためには「1％の人」になればいいということになる。

そのためには、みんなとは違うキャリアを築いて専門性を高める必要がある。さらに、100人に1人になれるくらいの専門性を3つのキャリアでつくれば、100人×100人×100人＝100万人に1人の存在になれる。

これが藤原さんの考え方だ。

「時給8万円」もしょせんは「足し算」の世界

しかし私は、それでも「ドングリの背比べ」みたいなものだと思う。なぜなら、藤原さんが言うのは、要するに「時給を上げよう」という話だからだ（といって、藤原さんの話に意味がないわけではない。私はこの本から多くを学んだし、藤原さんのこともとても尊敬している）。

時給換算で収入を考えているかぎり、それは「足し算」だ。5000円の時給が3万円や8万円に上がったところで、サラリーマン的マインドセットで生きていくことに変わりはない。

藤原さんは本の中で、時給8万円より上の世界があることにも触れてはいた。それは、起業家やタレントなどの仕事だ。

でも、それをリアルな選択肢として勧めてはいない。誰にでも目指せる世界ではないので現実的な目標ではない、ということだろう。

たしかに、たとえばアップルの創業者スティーブ・ジョブズのようなイノベーションを実現する起業家になれるのは、世界でもほんの一握りの人だけ。ハリウッドのスターとして大成功できる人もそうだ。

努力すれば誰でも目指せるものではないし、運・不運にも左右されるから、実力だけで何とかなるものでもない。

その点、資本家は違う。その生き方を選んで、必要なマインドセットを身につければ、誰でもなれるのが資本家だ。

莫大な資産は不要だし、イノベーションを起こすような**飛び抜けた才能も必要ない**。

しかし成功すれば、時給換算などする気にならないぐらいの稼ぎ方ができる。

ゴーンさんの報酬は高すぎたのか？

第1章で、ソフトバンクの孫正義さんの、「会社経営者」としての年収は役員報酬の約1億3000万円、「資本家」としての収入は年間に約100億円と述べた。役員報酬だけ見れば、孫さんより多くもらっている経営者はいくらでもいる。

たとえば「プロの経営者」として評価の高い、サントリーホールディングス代表取締役社長の新浪剛史《にいなみたけし》さん。サントリーホールディングスの役員報酬は8人で約15億4000万円だから、新浪さんはおそらく2億円か3億円はもらっているだろう。

また、豪腕経営者として名を馳せた日産のカルロス・ゴーンさん。何度も逮捕されて長々と拘留されるなど残念なことになっているが、その役員報酬は（表向きには）約10億円。それが本当は20億円ぐらいあったのではないかということで問題になっている。

違法行為があったかどうかはさておき、もし約20億円だったとしても、それが高すぎるとは私は思わない。日産の売上は約11兆円で、約7500億円もの利益を生み出している。従業員数は約14万人。その経営者の報酬が約10億円というのは、少なすぎないだろうか？

ゴーンさんの役員報酬が仮に約20億円だったとしても、2000時間で割ると時給は100万円。優秀な弁護士のタイムチャージの10倍程度だ。

ビジネスマンとして最高レベルのスキルを持っていても、世界でトップクラスの経営者であっても、労働対価としての報酬は、それぐらいが上限だ。

「金のタマゴを生むニワトリ」を持っているのが資本家

別の例で考えてみよう。

こういうかたちで引き合いに出すのは失礼だと承知しつつ言うが、楽天グループの三木谷浩史さんとサントリーの新浪さんでは、経営者としての手腕はどちらが上だろうか？

売上ベースで見ると、サントリーの約2兆7000億円に対して、楽天は約1兆円。経常利益はサントリーが約1800億円、楽天が約1500億円だ。従業員数はサントリーが約3万8000人で、約1万4000人の楽天より倍ぐらい多い。

このような数字だけを見ると、経営の難易度は同じぐらいか、新浪さんのほうがやや上。新浪さんは、創業者や生え抜きで社長になったわけではないため、経営者としてより高度な手腕が求められているようにも思える。

では役員報酬、つまり経営者としての労働対価はどうか？

楽天の役員報酬は3人で約3億2000万円だから、三木谷さんの取り分は2億円弱と思われる。新浪さんよりやや少ないが、それほど大きな差はない。

しかし三木谷さんは、孫さんと同様、「金のタマゴ」を生む「ニワトリ」を持っている。

ニワトリ、すなわち三木谷さんが持っている楽天の株式の時価総額は約6150億円。金のタマゴ、すなわちそこからの配当は毎年約24億円。役員報酬とはケタが違う。

もちろん、新浪さんにもゴーンさんにも、ある程度のストックオプションや業績連動の報酬があると思うが、金額的にはとても株式の配当には及ばない。

経営者と資本家の差が、ここにある。

高い経営能力によって、どんなに会社に大きな利益をもたらしても、**経営者だけやっていたのでは資本家にかなわない**のだ。

自分で起業しなくても資本家にはなれる

ここで、『フォーブス ジャパン』の日本長者番付（2018年）を見てみよう。資産額約2兆2930億円の孫正義さんを筆頭に、「金のタマゴを生むニワトリ」の持ち主がズラリと並んでいる。

サントリーホールディングス会長の佐治信忠さんは第3位。言うまでもなく、経営者の新浪さんよりはるかに多くの収入を得ており、毎年、20億円ほどの配当収入となっている。

そしてこのグラフは、黒とグレーに色分けしてある。たとえば孫さんや三木谷さんは黒で、ユニクロ（ファーストリテイリング）の柳井正さんや佐治さんはグレー。この

日本長者番付トップ10(2018年)

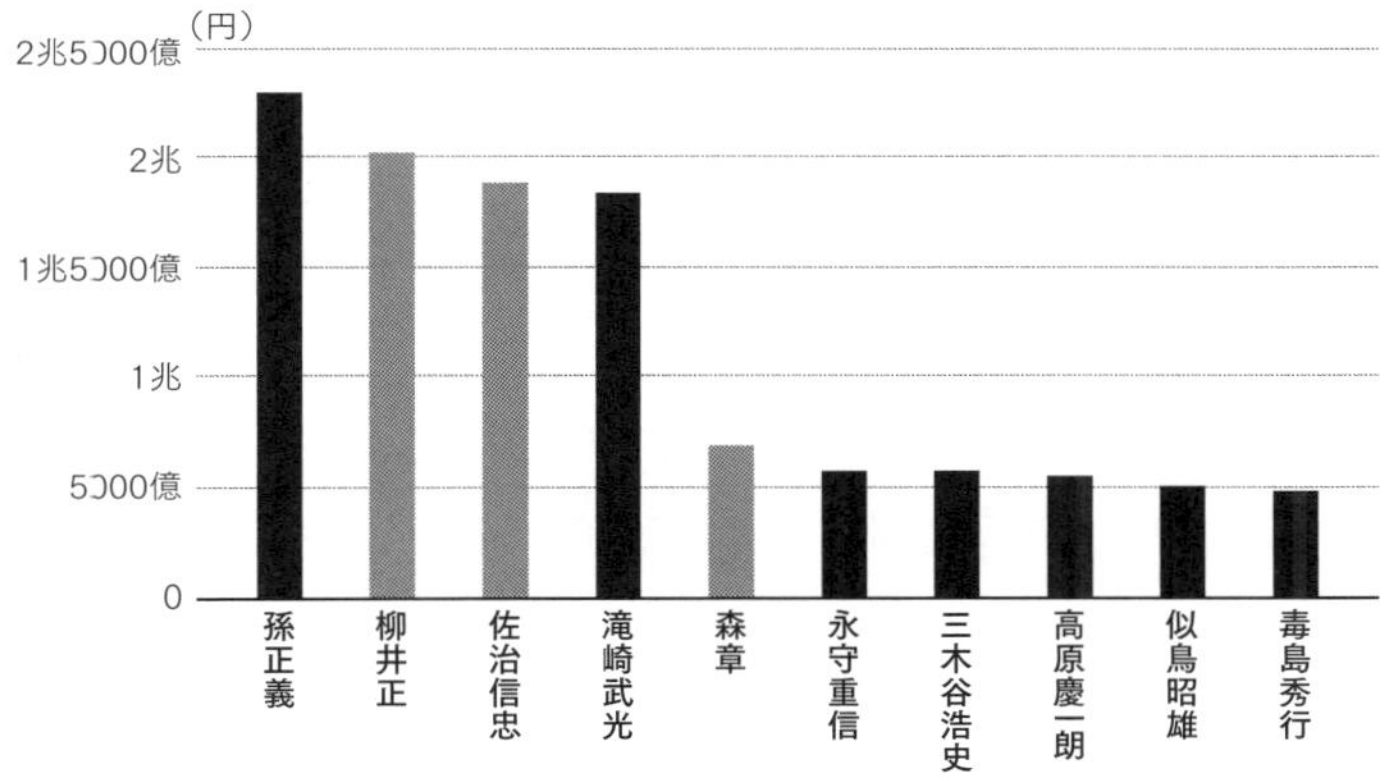

出所:フォーブス ジャパン

違いが何かわかるだろうか？

そう、黒は創業者で、グレーは二代目、三代目の「後継ぎ経営者」だ。

もちろん、創業者の時代からどこも大きかったわけではない。たとえばユニクロの柳井さんは、父親が始めた小さな会社を引き継いで、現在のようなグローバル企業に成長させた。

「資本家として大金持ちになる」と聞くと、多くの人は自分でゼロから起業した会社が大成功を収める――というストーリーを思い浮かべる。

いまは昔よりも起業のハードルが低くなり、その道を志す若い人も増えた。でも、新しいビジネスをゼロから生み出すのは、やはり難しい。自ら「金のタマゴを生むニワトリ」をつくれるのは、才能と運に恵まれた一部の人、というのが現実だ。

でも、起業ができなければ、資本家になれないというわけではない。起業家と資本家は、創業経営者においては一致しているが、本来は別物だ。実際、柳井さんのように創業者ではないのに「資本家として大金持ち」になっている人はたくさんいる。

つまり、資本家になるために必要なのは、「新しいビジネスを生み出すこと」ではない。親から相続しようが、他人から譲ってもらおうが、要は、「ニワトリ=株」を持てばいいのだ。

だからこそ、誰にでもチャンスがある。

前にも述べたように、いまの日本では、二代目や三代目の「後継者」がいないがゆえに廃業に追い込まれそうな会社が多い。だから、安い値段で「ニワトリ」を買うことができる。すでにそれなりの実績を上げている会社を買って育てるのは、**ゼロから起業するよりもはるかに簡単**だ。

サラリーマンとして出世競争を勝ち抜き、社長にまで登り詰めたとしても、その労働対価には限度がある。それは「足し算」の限界と言ってもいい。

しかし資本家として「ニワトリ」を育てて毎年「金のタマゴ」を生ませられるようになれば、そこはもう「足し算の世界」ではない。

サラリーマンと資本家がいかに違うか、これでおわかりいただけただろうか？

しかし、それでもなお、サラリーマン的な「時給ナンボの世界」で生きることを選びたい人はいるだろう。収入が高くなくても、安定した生活を求める気持ちはわからなくもない。

でも、そのサラリーマン自体がもはや絶滅危惧種だとしたらどうだろう？

これは決して不安や恐怖心を煽ろうとしているのではない。私は、本気でそう見ている。次の章でするのは、そんな話だ。

第3章

サラリーマンは絶滅する

サラリーマンはもはや「幕末の武士」

いまサラリーマンをしていて、最初から積極的に「サラリーマンになりたい」と思ってなった人は、どれほどいるだろうか？

もちろん、業界や会社については、さまざまな選択肢の中から「自分で選んだ」という実感があるだろう。しかし「サラリーマンという生き方」そのものは、あまり深く考えずに、なんとなく、当たり前のように受け入れている人が大半だと思う。

それはたぶん、ひとつの組織に所属して定年まで安定した給料をもらって生きるというスタイルが「ふつう」だと思っているからだ。人は「これがふつうだ」と思っていることには疑問を持たず、よく考えることなしに受け入れる。

でも、サラリーマンという生き方は本当に「ふつう」だろうか？

いまの現役世代が生まれた時代は、働く人の多数派をサラリーマンが占めていた。だからそれが「ふつう」だと思った。

しかし、会社に雇われて給料をもらうというスタイルは、人類普遍の働き方として昔からあるわけではない。日本で「サラリーマン」という和製英語が生まれたのは、大正時代のことだそうだ。だとすれば、その歴史はせいぜい100年ぐらいということになる。

昔からあったわけではないなら、いつまでも存在するとはかぎらない。

これまで日本社会でサラリーマン制度が当たり前のように続いてきたのは、それが大正以降の日本社会の、時代的な特性に合っていたからだ。あとで説明するが、とりわけ戦後の日本経済は大量のサラリーマンを必要とする状態だった。

時代が変わり、それによってビジネスマンに求められるものが変われば、サラリーマンの存在意義も失われる。

江戸時代には、武士の家に生まれれば自分も武士になるのが「ふつう」だと思われていた。しかし時代が変わって、武士という制度は消え去った。

いまのサラリーマン制度は、まだギリギリのところで存在意義を保っている。とはいえ、もう終わりは見えている。「幕末の武士」みたいな段階に入っているように思えてならない。

会社が「生涯サラリーマン」を必要とした時代

戦後の日本はどうして大量のサラリーマンを必要としたのか？

敗戦の焼け野原から奇跡的な復興を果たし、高度経済成長を実現した日本経済を支えたのは、「少品種大量生産」だった。まだ物質的に貧しい時代だったので、いまのような多様な商品を生産する必要はない。いわゆる「三種の神器（冷蔵庫、洗濯機、テレビ）」や「３Ｃ（カラーテレビ、クーラー、自家用車）」など、みんなが同じような商品を大量に買い求めた時代だ。

たとえば自家用車なら、「いつかはクラウン」といった価値観を多くの日本人が共有していた。同質性の高い社会だったわけだ。企業は、同じものを大量に生産しても、つくればつくるだけ売れた。

そういう時代に企業が求めたのが、会社に忠誠心を持って、決まった給料で定年まで猛烈に働いてくれる人材。「生涯サラリーマン」だ。

同じものを大量生産するためには、とにかく人手が必要だ。みんな定時に出社して一斉に仕事に取り組む。少々の体調不良では欠勤なんかしない。1日のノルマが終わらなければ自ら黙って残業までしてくれる。こんな社員が大勢集まったら、経営者にとってありがたいことこの上ない。

そして、そんな都合のいい社員をつくり上げるために用意されたのが、日本企業特有の「社風」という文化だ。

日本の会社は、同じ業界であっても、それぞれ社風が異なる。同じ自動車メーカーでもトヨタと日産とホンダには違う社風がある。同じ商社でも三菱商事と三井物産と伊藤忠商事では社風が違う。社員はライバル会社とは違う自分たちの社風を大切にし、そこに強いアイデンティティを感じている。

もちろん、外国の企業にもそれぞれ独自のカルチャーがある。グーグルやアップルなどの企業カルチャーを思い浮かべれば、それはわかる。でも、それは日本企業の「社風」とはずいぶん異なるものだ。

日本企業の社風は、ある種の洗脳や集団催眠みたいなものだと私は見ている。その社風に染め上げることで、強い愛社精神や同僚との仲間意識を持ち、会社にしばりつけられることをあまりネガティブに考えず、一生懸命に働かせることができるわけだ。

日本企業が新卒の一括採用にこだわってきたのも、そういう洗脳を行うには「よその社風」を知らないピュアな人間のほうがいいからだ。

何の職業経験もない新卒社員は教育に手間がかかる。だが、そこにコストをかけても、社風に染まりやすい人材、つまり会社のためにすべてをなげうつ「兵隊」になってくれる人間を集めたかった。

そもそも少品種大量生産の場合、ひとりの社員にそれほど多様なスキルを身につけさせる必要はない。細分化された仕事だけを覚えて、自分の持ち場で黙々と同じ作業をくり返してくれれば、同じものを大量に生産できる。要するに、マニュアル化された単純作業を延々とやってくれればよかった。

ただし人間は同じことばかりやっていると飽きてしまう。ずっとそのままだとモチベーションが落ちる。それでは生産性が上がらないので、そこで、3年ぐらいで部署を異動させるジョブ・ローテーションを行う。

日本企業は、そうやって、広く浅く何でもこなせる社員を純粋培養してきたわけだ。

新卒一括採用などしていたら生き残れない

同僚と愚痴をこぼし合いながらも、日本のサラリーマンはそういう会社での暮らしに満足してきた。社風を共有する仲間たちと一緒にライバル会社と競争することに生き甲斐を感じる。社内結婚をすれば、みんなと家族ぐるみのつき合いができる。

しかも会社の言うことを聞いていれば、定年まで生活は安泰だ。定年までだけではない。会社を去るときには何千万円もの退職金をもらえ、老後の生活も企業年金で十分にまかなえる。途中で辞めて転職する人間がとんでもない愚か者に見えたのも無理はない。

しかし、このような雇用形態が「ふつう」だったのは、世界でも日本ぐらいのものではないだろうか？

少なくとも欧米の大手企業は、何年もかけて育てないとモノにならない新卒を大量に採用したりはしない。

いま、グーグルやアップルなどの企業が積極的に採用するのは、高い能力や豊富な経験を持つ即戦力の人材だ。めまぐるしく変化するビジネスの最前線で競争に勝つには、知識もスキルもない新人をじっくり育てている余裕はない。

だから、そういう企業で働きたい人たちは、大学を出てからやや遠回りをする。本当に入りたい会社は新卒採用をしないので、まずは中堅企業やベンチャーなど安い給料で自分を雇ってくれるところに入る。いずれ転職することが前提である。そこで経験やスキルを積み、ＭＢＡを取ったりして自分の価値を高める。そうしなければ、希望の人気企業に入ることはできない。

これからは日本企業もそういうやり方に転じなければ、生き残ることはできない。大量生産・大量消費の時代はとっくに終わっている。いま求められるのは、少品種大量生産ではなく、「多品種少量生産」だ。刻々と移り変わる多様な価値観に合わせて、スピード感を持って次々と新しい商品やサービスを提供しなければいけない。そこでは、新卒一括採用に始まる「生涯サラリーマン制度」など、もはや企業に何のメリットももたらさない化石のようなものだ。

グローバルな社会では、数カ月単位でビジネスモデルが変化していく。１０００人もの新卒社員をまとめて採用し、のんびりと3年もかけて育てていたのでは、あっという間に置き去りにされてしまう。

研究開発費と同様、人件費は「将来予想される利益の先食い」だ。新卒の教育は、先行投資を回収するまでに時間がかかりすぎる。一方では、転職市場も成熟してきた。そのため日本でも、優秀な人材を中途採用で獲得しようと考える企業が増えている。たとえばヤフー・ジャパンは、新卒採用を廃止して通年の経験者採用に切り替えた。

今後はそれが日本社会全体の「ふつう」になっていくだろう。

世界の主流はプロフェッショナルによるプロジェクト方式

ただし、転職をしてもサラリーマンはサラリーマンだ。ひとつの会社に定年までしがみつく「生涯サラリーマン制度」が消滅したとしても、会社から安定した給料をもらって生活する「サラリーマンというビジネスのモデル」そのものは残ると思う人もいるだろう。

しかしこれからは、それさえも変わっていく。

その兆候は、すでに現実のビジネスの中に表れている。世界では、革新的なプロジェクトを社内の人間だけで進めるのではなく、個別のプロジェクトごとに集められたプロフェッショナル集団によって行うようになっている。

そこでは、大企業や資本家が資金とインフラだけを用意する。それを使って仕事をするのは社員ではない。フリーランスの人間やベンチャー組織など、そのプロジェクトを実現できる能力を持つ外部の人たちに声をかけて、特命チームを結成する。

たとえば自動車メーカーなら、かつては新型車の開発プロジェクトに外部の人間など絶対に入れなかった。社員の中でも特別なメンバーだけを集めて、外に情報をもらさないよう、徹底した秘密主義でことを進める。だから、デザイナーやエンジニアなどの専門職も全員が社員だ。

しかしこのやり方は、時間がかかる。新型車の企画から発表まで、6年ほどかかってしまう。多品種少量生産の時代に、これではやっていけない。

そのため、たとえばテスラのようなＥＶ（電気自動車）ベンチャーは、従来とはまったく異なるやり方で開発を進めている。社外のフリーランスがプロジェクトチームを組み、大企業から資金提供を受けて新型車をつくり上げるのだ。

チームのメンバーは世界各国に散らばっており、ひとつのオフィスを共有さえしない。インターネットのクラウド上にあるシステムを使えば、離れた場所にいても共同作業がいくらでもできる。試作品の製作さえ、オンラインでつながれた３Ｄプリンターでリモート操作が可能な時代だ。

場所の制約から解放された「ポップアップ・レストラン」

このような働き方の変化は至るところで起きている。

たとえば飲食業の世界でいま流行っているのは、「ポップアップ・レストラン」だ。決まった場所に店舗を持たず、ホテルや空き店舗などを使って期間限定で営業するレストランである。

世界屈指の有名シェフたちをリゾートホテルなどに集めて、セレブを相手に腕を競い合うという、フェスティバル的なポップアップ・レストランもかなり話題になった。

その中でもとくに注目されたのが、イギリス人シェフのジェームス・シャルマン率いる「ワン・スター・ハウス・パーティ」だ。「旅するシェフ集団」とでも呼ぶべき彼らは、2年間で20カ国を回ってポップアップ・レストランを実施した。

ネパールでは標高5300メートルにあるエベレストのベースキャンプで営業。15人の客と寝食を共にしながら8日間かけてテーブル、椅子、薪、調理用具、食材などを担いで登山。最高の料理を振る舞ってから、また麓までみんなで下山するという壮大な企画だ。

飲食店はこの世でもっとも歴史の古い産業のひとつだが、場所の流動性が低いという宿命を背負っていた。立地条件が悪くなって客の入りが悪くなっても、店舗を動かすことができなかったのだ。

だが、もう場所に制約されることはない。店を持たないシェフでも、腕に自信さえあれば、営業できる場所を見つけて「レストラン」を開くことができる。

そんな新しいスタイルが可能になったのは、ＩＴの発達で情報環境や人間の行動パターンが大きく変わったからだ。

インターネットを通じて、ヒト、モノ、カネ、サービスなどあらゆるものがつながれるようになったおかげで、パーマネントな組織をつくらなくても、お互いのニーズに合わせて新しいサービスを展開することができる。

ポップアップ・レストランは、集客や準備に固定店舗の開設のようなコストがかからないので、リスクも小さい。これが主流になれば、従来の店舗型レストランはいずれ姿を消してしまう可能性さえあるだろう。

店が料理人を雇うのではなく、料理人が店（場所）を選ぶ時代になるわけだ。

「正社員の座に安住できる」と思うのは、危機感欠落

このような「ポップアップ型」の働き方は、さまざまな業界で「ふつう」になっていくだろう。

腕のいいシェフがあちこちのポップアップ・レストランを転々とするように、高い能力を持つビジネスマンは特定の組織に属さず、一つ一つのプロジェクトごとに企業

を渡り歩く。先ほど紹介したEV業界の社外プロジェクトチームも、そんなポップアップ型の先駆けと言える。

そういう働き方をする集団を支援するビジネスも生まれている。起業家向けのコワーキングスペース（共同作業所）を提供する米国のベンチャー企業「ウィーワーク（WeWork）」がそれだ。ソフトバンクの孫正義さんが40億ドルを投じたことでも話題になった。このサービスを利用してオフィスを持たずに働くグループが急増している。

そういう集団が大企業から新規プロジェクトを発注されることもあれば、逆に彼らが大企業に新しい企画を提案することもある。まさにビジネスのポップアップ化だ。

これがお互いにとって大きなメリットをもたらすことがわかってくれば、もはや、マニュアル化された仕事をこなす大量のサラリーマンは不要だ。デザイナーやエンジニアのような専門職だけでなく、営業マンや経理担当者さえプロジェクトごとにクラウド上から集めてくることが可能だからだ。

そうやって、**サラリーマンというビジネスモデルはやがて破綻していく**。私はそう予想している。

すでに定年の近い世代はともかく、いま20代や30代のサラリーマンで、今後もずっる。と「正社員」の座に安住できると思っているとしたら、あまりに危機感が欠落している。

いや、定年の近いサラリーマンにとっても他人事ではない。

いまや人生１００年の時代だ。定年後の人生はまだ何十年も残っている。ところが、いまは昔と違い、十分な退職金をもらえるとはかぎらない。年金は下がり、医療費は上がる。子の世代は自分たちの生活を維持するのに精一杯だから、世話になるわけにもいかない。要介護状態になれば、かなりの出費を迫られる。

それに対処するには、定年後も自分で稼ぐしかない。

しかし新卒で入社して40年近く同じ職場で過ごしてきたサラリーマンは、その会社で給料をもらうスキルだけが高まっている。急に働き方を変えろと言われても無理だと思うかもしれない。

でも、そんなことはない。

グローバルな舞台で戦える、ずば抜けたプロフェッショナルにならなくても、会社に依存せずに食べていく道は、いくつもある。

私が提案する、**個人M&Aによって「資本家」になる**ことも、選択肢のひとつだ。

これから強いのは、お金より「好きなこと」を優先できる人

『サラリーマンは300万円で小さな会社を買いなさい』の帯には、堀江貴文さんが「終身雇用は現代の奴隷制度だ」という推薦文を寄せてくれた。いまのサラリーマンが置かれた現実を端的に表現した言葉だと思う。

堀江さんが主宰する「堀江貴文イノベーション大学校（HIU）」は、サラリーマン絶滅時代の生き方を考えるためのヒントが詰まった試みだ。

HIUは、文部科学省が認定した大学ではなく、キャンパスも持たない。フェイスブックのグループをメインとした会員制のオンラインサロンだ。会費は月額1万8000円。

教育事業グループ、事業投資グループ、エンタメグループ、宇宙開発グループなど30ほどの分科会があり、メンバーはその中で自分のやりたいことをかたちにしていく。

さまざまな企画を投稿し、それに興味のあるメンバー同士が意見交換をしながら中身をブラッシュアップしていく仕組みだ。堀江さんはすべてのグループの投稿に目を通し、面白いと思えばそのコミュニケーションに参加する。

企画は、ビジネスがらみのものばかりではない。

たとえば、トライアスロンチームを結成したグループもある。そのチームでは、それまでほとんど泳げなかった女性が、アイアンマンレース（スイム3・8キロ、バイク180キロ、ラン42・195キロ）を完走した。私も趣味でトライアスロンをやっているのだが、これには大変驚いた。

なんだ、ただの「遊びの集団」じゃないか？　そうとしか見られない人は、決定的に本質を見誤っている。

私の考える「資本家」とは、「好きなことを、好きな人と、好きなようにやる人」だと述べた。お金よりも「自分の好きなこと」を動機にして行動できることは、これからの時代を生き抜く上で、とても大きな武器になる。

先ほど紹介したポップアップ・レストランの「ワン・スター・ハウス・パーティ」は、わざわざエベレストに登ってレストランを営業した。自分たちが楽しむことを優先順位の一番に置いていなかったら、こんなことはとてもできない。

HIUに集まっているのも、まさにそういう人たちだ。

HIUの活動を見ていると、これこそ、サラリーマン思考を脱して、資本家マインドセットを体得するための、最高の場だと思う。

会社を離れても提供できる知識やスキルはあるか？

HIUに集まるメンバーは、それぞれ何かしらの特技や才能、あるいは独自のアイデアを持っている。そういう人たちが自発的に「次はこういう取り組みをやってはどうか」と呼びかけ、その人を中心にひとつの組織ができ上がる。

あるとき、HIUのメンバーから、私に「勉強会を開いてくれませんか」というメールが届いた。私の本を読んでくれた人が、HIUの事業投資グループのタイムラインに「この本が面白いので、みんなで何か共有できないですかね？」と書き込んだところ、堀江さんが「じゃあ、三戸ちゃんを呼んで勉強会をしてもらったら？」と提案したそうだ。

その後、グループ内で開催場所や集客方法を考える人が現れ、勉強会が具体化していった。いずれ、「会社を買おう！」をテーマにした分科会が立ち上がる可能性もあるだろう。

そうやって、ＨＩＵでは各自の興味から始まる新しい組織が次々と生まれる。

ＨＩＵでアイデアを出したりスキルを発揮したりしている人たちは、それによって報酬を得ているわけではない。しかし、そこから「お金を生む仕組み」が次々と立ち上がる可能性はとても大きいと私は思う。実際にプロジェクト単位でクラウドファンディングを行い、会員同士でプロジェクトの支援をし合っている。

また、メンバーは、グループでコミュニケーションをしているうちに、世の中が何を必要としていて、自分には何が足りないのかを自然と学ぶことができる。

今後、企画をつくって人を巻き込む集団である「ＨＩＵマフィア」なる人たちが、あらゆる場所で活躍していく気がする。すでに私のサロンでも、ＨＩＵマフィアが積極的に企画を立ち上げてくれている。いまのＨＩＵは、起業家を多く輩出してきたリクルート初期の組織に似ているのではないだろうか。

もし自分が、ＨＩＵのようなコミュニティに参加したら、どんなアイデアを提示できるか？　あるいは、ほかのメンバーが何か提案したとき、それがどんな企画なら、自分の知識やスキルでサポートできるか？

そう問いかけたときに、「自分にはとくにアイデアがない」「やりたいこともない」「自分に手伝えることなどなさそうだ」と思ったなら、それはかなりマズい状態だ。

いまの会社ではちゃんと給料をもらえるだけの能力があるとしても、そこから外に出たとたんに何もできない人間、つまり人材としての価値を持たない存在になってしまう可能性が高いからだ。

いまの組織から外に踏み出したとき自分に何ができるのか、どんな価値を生み出せるのか。そこを考えるのが、「サラリーマン絶滅社会」を生き延びるための第一歩だ。

「働き方改革」は「雇い方改革」のカムフラージュ

景気の拡大が戦後最長の「いざなみ景気」に並んだ可能性が高いということがニュ

ースになった。しかし実質賃金は伸び悩んでいるので、好景気を実感しているサラリーマンは少ない。企業のほうも浮かれているどころでなく、生き残りに必死だ。時代の変化に乗り遅れた大企業が何千億円もの赤字を出し、数万人規模のリストラを断行することもめずらしくないのが、いまの日本だ。

大きな赤字を出していなくても、ITやロボットなどの発達で作業の効率が上がってくると、不要な人員が出てくるのは避けられない。

かつては50人の社員が1カ月かけていた業務が、完全自動化されてしまうこともある。そうなると、そのシステムを管理するエンジニアがひとりいれば十分だ。

だから内心で「社員を減らしたい」と思っている経営者は多いわけだが、そうはいっても簡単に人減らしはできない。日本は諸外国とくらべて、社員を手厚く保護する制度が整っている。よほどのことがないかぎり、解雇はできない。もともとは大量の社員を会社にしばりつけるためにつくられた制度が、いまは経営者にとって足かせになっている。

とはいえ、人件費が企業の重荷になれば、日本経済は立ち行かない。

そこで登場したのが、「働き方改革」だ。

「残業をなくそう！」

「ワーク・ライフ・バランスを考えて、自分の時間を大切に！」

「リモートワークで自由な働き方を！」

こういったかけ声はあちこちから聞こえてくる。だが、これらは労働者の側から出てきたものではない。

働き方改革の旗を振っているのは政府や企業。つまり、「働き方改革」とは、その内実は、企業にとって都合の良い雇用スタイルを実現するための「雇い方改革」と見るべきなのだ。

たとえば、改革のひとつとして導入された「副業解禁」もその一端だ。

厚生労働省の「モデル就業規則」から副業禁止規定が削除され、「勤務時間外に、他社の業務に従事することができる」と規定された。いままでは禁じられていた副業ができるようになるのだから、社員としては「自由」が与えられたように感じるかもしれない。

でも、これは社員にとってより、企業にとって都合の良い話なのだ。

これまで日本企業は、「会社の仕事だけに集中しろ。その代わり社員とその家族の生活は最後まで面倒をみる」というかたちで、社員を束縛してきた。しかし、もう十分な退職金や企業年金を払うのが難しい。そのため、「社員の生活を丸ごと支えることはできないから、足りない分は自分で稼いでくれ」という、180度の方向転換だ。

月5万円払ってくれる副業先を探してみる

だが、この方向転換を「ひどい」「許せない」と責めても仕方がない。むしろいままでは、日本のサラリーマンの立場が恵まれすぎていた。世界のどこを探しても、日本ほど会社員を国や企業が守ってくれる国はなかった。それが世界と同じになっただけだ。

この流れはもう止まらない。だとしたら、そのような社会の変化に合わせて、自分なりの働き方改革をしていくしかない。

現実はそうなのだが、「しかたない」とネガティブにとらえるのはやめよう。サラリーマン的生き方から抜け出すのに、こんなにお膳立てがそろった時代はない。

自分の会社でも副業が解禁されたなら、まずは始めてみよう。副業を見つけるのは、そんなに難しいことではない。本業とまったく別の仕事を始めるなら、新しい知識やスキルを身につけなければいけないが、そんなことをしなくてもいくらでもやりようはある。

たとえば会社で営業マンをやっている人なら、信頼関係で結ばれている顧客が10社や20社はあるだろう。そこに自社の商品だけを売り込むのは、考えてみたらもったいない話だ。どうせ営業に行くのなら、ついでに他社の商品も売ればいい。自社商品と競合する会社のものは問題があるが、副業ＯＫの会社であれば誰も文句は言わないはずだ。

もし本業でコピー機の販売やメンテナンスをやっているのなら、頻繁に訪れる得意先でオフィス機器の管理を担当する責任者と話をする機会も多いだろう。そこで自社商品の説明などをしたあと、「じつは私、最近はウォーターサーバーの販売も手がけておりまして」と副業の営業をかけるのは簡単だ。

あるいは、本業で培った経験を生かして、よその会社の「顧問」や「相談役」になるという道もある。顧問や相談役というと、日本では社長までやった人が収まる「あがり」のポストというイメージだが、最近では、大企業に勤めながら中小企業やベンチャーの社外取締役や顧問になる人が増えてきた。

これは毎日出社するわけではないので、副業にはもってこいだ。取締役会などの会議への出席は月に1～2回程度。それ以外にも、電話やメールで経営者の相談を受けてアイデアを出したり、社外の人脈を使って人に引き合わせたりする仕事はあるが、さほど大きな負担ではない。

それだけで年間数十万円の報酬を得ることができるのだから、ダメ元でトライしてみる価値はあるだろう。試しに、冗談まじりでもかまわないので、取引先の部長クラスに「月に2回、御社の課題についてソリューションを提案するので、5万円の顧問料をいただけませんか」と聞いてみるといい。取引先が大手とのネットワークを求めているようなら、意外に「月5万円でいいなら、お願いしてみようかな」という話になるものだ。

「本業が忙しすぎて無理」と思ってしまうのは、お金を稼ぐには「自分の時間」を切り売りするしかないという時給的発想にとらわれているからだ。

極力時間を使わず、収入が得られる副業は何だろう？　そう考えて副業にチャレンジすることは、「お金を生む仕組み」をつくることを仕事にする「資本家」を目指す、格好のトレーニングになる。

「売れる能力」は自分が持っていなくてもいい

最初から報酬を要求するのが気詰まりなら、小山薫堂さんが提唱する「勝手にコンサル」をやってみてもいいだろう。私も、友人や知人のビジネスに関する話を聞くと、「自分ならこうする」とか「それなら、あの会社と協業すればいいと思うから紹介するよ」などと、頼まれもしないのに勝手にコンサルティングをしてしまう。

いろいろなビジネスを成功に導くのが好きでやっていることなので、それで報酬をもらうつもりは全然ない。だが、それをやっていると向こうから、「一緒に仕事をしてくれませんか」と相談されることも多い。

そうやって自分の知識や経験を生かすことを考えれば、営業マンにかぎらず、工場の生産管理をしている人でも、経理をやっている人でも、副業で稼げるチャンスはある。実際に私も、会社の事務作業を友人に副業として10万円くらいでやってもらっている。毎月10万円を支払ってくれる会社が3つあれば、年収は360万円のアップだ。まずは自分の持っている能力の中で、何が誰に売れるのかを考えてみよう。自分という人材の価値の「商品化」だ。

自分の中に売れる能力が見つからなくてもかまわない。自分の知り合いを「商品」にすればいい。価値のある人材を求める人に引き合わせるだけでも、紹介料をもらえる可能性がある。持てる人脈を生かすのも、立派な副業になる。

商品にできるものが見つかったら、次にやるべきはマーケティングだ。

取引先や知人の会社などに、自分をいくらで雇ってくれるかを聞いて回る。毎年、球団と年俸交渉をするプロ野球選手などと違い、サラリーマンはそういうことに慣れていない。だからこそ、そうやって**自分自身に「値づけ」をしてもらう**ことは、サラリーマンという殻を脱ぎ捨てるきっかけになる。

「あなたにはお金を払えない」とフラれることもあるだろう。しかし断られてもダメ元。諦めずに何人にも聞いて回れば、週に1度や月に1度、相手の会社を手伝うことで、5万円や10万円の報酬を払ってくれるところがあるかもしれない。

ちなみに、値づけ、すなわち報酬額を決めるコツは、第三者に目安を言ってもらうことだ。自分で自分に値づけするのは、本業のコンサルでも難しい。だから、コンサルティングファームは、どこも報酬表をつくって、クライアントに提示している。

個人の副業で報酬表をつくるのは難しいから、代わりに、共通の知人などに、「●●さんならいくらくらいの価値はある」と客観的な意見を言ってもらうのだ。そうするだけで、仕事はぐっと決まりやすくなる。

そういう会社がいくつか見つかるようなら、自分には人材としての市場価値があると思っていい。

このようにして、いくつかの先から報酬を受け取れるようになり、それらの報酬が人を採用できるレベルを超えたときが、人を雇うタイミングだ。品質管理をしながら業務をその人にアウトソースして、**リソースを「自分の時間」から「他人の時間」へと変えていく**。まさにこれが、資本家マインドセットである。

第4章

資本家への道――私の場合

小学校4年生で初めてやった「商売」

ここまで、サラリーマンと資本家の「稼ぎ方」の違いを明らかにした上で、サラリーマンがもはや「絶滅危惧種」であることを語ってきた。

では、どうすれば資本家になれるのか。

ここからは、そのために必要なノウハウやマインドセットについて伝えていくつもりだが、その前に、ちょっと自分のことを話してみよう。

決してお手本になるような立派なものではなく、誰もが自分と同じように行動すべきだなどとは、到底思わない。ただ、何かずば抜けた能力があるわけではない自分のような人間が、なぜ「資本家」になりたいなどと思い、それをどう実行してきたのか。そのプロセスには、参考にしてもらえるヒントが少なからずあるだろうと思うからだ。

さて、いきなり「そんなことする奴はいないだろ」とつっこまれそうな話で恐縮なのだが、私が初めて自分でお金を稼いだのは小学4年生のときだった。

親の肩たたきや家事の手伝いをして小遣いをもらうようなことは、誰にでもあるだろう。ただこれは「労働対価」だ。私がやったのは「商売」だ。仕入れたものを売って、お金にした。売ったのは、アルミ缶だ。

父親が製鉄会社に勤めていたからだろう。ある日、両親と喋っていたときに、「アルミは値段が高い」という話になった。小学生の私は、それが腑に落ちない。アルミと言えば1円玉のイメージしかなかったから、「そんなもんが本当に高い値段で売れるのか？」と疑問に思ったのだ。

そんな疑問を持ったのは、そもそも「自分でお金を稼ぎたい」という思いが当時からあったからだと思う。

親からは、必要なものがあるときだけ、少額の小遣いをもらっていた。けれど、それではいつまでも親のいいなりだ。自由に生きるためには、自分で稼いで親への依存度を下げなければいけない。子どもながらに、そんなことを、漠然と感じていた。

ともあれ、「アルミが売れるというなら、やってみよう」と思った私は、町に出て、道端に捨てられているビールやコーラのアルミ缶を拾い集めた。段ボール箱2つ分だ。

それを自分で廃品回収業者のところに持ち込んだら、なんと、本当に買ってもらえた。値段はいまでもよく覚えている。全部で210円だった。中に混ざっていたポカリスエット缶は、スチールだったので、業者は買ってくれなかった。本当にアルミは高いということを、子どもなりに検証することができた。

まだリサイクルという言葉も知られていなかった頃だ。タダで手に入れた「ゴミ」が現金になったのだから、小学生にとってはかなりの衝撃だ。

グーグルはアイデアが独創的だったから勝ったのではない

これが成功体験となって、子ども心に「やってみないとわからないもんだな」ということを学ぶことができた。疑問を感じたら、確かめるためにまずは行動してみる――いまの私にはそういうところがあるけれど、その原点は、小学生時代のこの経験にある。

「これが売れるかもしれない」というアイデアを持つことと、そのビジネスを実行してみることのあいだには、とんでもなく大きな隔たりがある――多くのベンチャー企業を見てきて痛感したことだ。

たとえばインターネットの検索エンジンも、ヤフーがウェブディレクトリ（辞書で情報を探すようなもの）型エンジンを運営していたときに、グーグルが現れて、ロボット型検索エンジンで市場を席巻した。

当時、グーグルのようなアイデアを持っている会社はたくさんあった。決して、グーグルだけが考えた独創的なアイデアではない。その**アイデアをいち早く実行フェーズに移せた**からこそ、グーグルは勝ったのだ。

ウーバーやエアｂｎｂのようなビジネスを思いつく人間も大勢いた。実際に15年前にウーバーとまったく同じビジネスモデルを起業家からプレゼンされたこともある。

しかし、アイデアを実行して、成功するまで諦めない者は少ない。おそらく、思いついてもやらない人が99％。「やってみないとわからない」と行動を起こすのは1％。その1％のほとんども、ちょっとやってうまくいかなければすぐに撤退する。試行錯誤をしながらそれをやり続けるのは、さらにその1％。

そして**最後に勝つのは、やり続けた0・01%**なのだ。

会計士試験に挫折してベンチャー・キャピタルへ

自分の話に戻ろう。

大学では商学部に入り、卒業してから2年ほどは公認会計士になるための勉強をした。ちょうど大卒の就職が超氷河期に突入し、資格を取得して生きていこうと考える学生が多かった時代だ。

もともと、サラリーマン的な既存のレールに乗って生きていくのは面白くないな、と思ってはいた。だからと言って、具体的に「これがやりたい」というものがあったわけでもない（正直なところ、それはいまでもそうだ）。

だから、大学卒業が近づいても就職活動はしなかった。まわりの学生たちが「おれは銀行だ」「自分はメーカーを片っ端から受ける」などと走り回るのを見ても、ピンとこなかった。

そもそも、大企業に入れば部署間を異動して、やることは変わっていくのだから、自分のやりたいことなど実現しないだろう。それでも、とにかく入れさえすればいいのか。ただ、何をやりたいのかわからない以上、自分には「どの業種がいいか」など考えられない。志望動機だって書けない――必死に活動する友だちを遠目で見て、そんなことを思っていた。

とはいえ、何か仕事はしなければいけない。いずれは会社の経営をしたいと考えていたこともあり、公認会計士を目指すことにした。まずは会計士になって安定した収入を確保し、その上でのんびりと、自分のやりたいことを探そうと考えていた。

しかし結果的に会計士資格を取ることは断念。ビジネスを理解していない頭で会計を勉強しても身に入らず、やみくもに簿記の貸借を合わせることは自分には向いていなかった（じつは、そのときの苦労もあり『サラリーマンは300万円で小さな会社を買いなさい 会計編』を出版した）。そうなると、どこかに就職せざるを得ない。そこで入社したのが、ベンチャー・キャピタルのソフトバンク・インベストメントだ。

就職先を探し始めるまでは、「ベンチャー・キャピタル」という業種が存在することも知らなかった。でも、「へえ、こんな仕事があるのか」と知った瞬間に、ものすごく自分に向いていると直感したのを覚えている。

それまでは、「いずれ会社経営をするなら、コンサルティング会社で勉強するのがいいかもしれない」などと思っていた。さまざまな業種や業態を横断的に見ることができ、経営に近いポジションで経営全体を学べると考えたからだ。

ただ、コンサルタントは自分でリスクを負って経営に関与するわけではない。相手の事業が成功しようが失敗しようが固定した報酬が支払われる「時給」の仕事だ。

それに対して、ベンチャー・キャピタルは、投資というかたちで自らもリスクを負う。完全に成功報酬の仕事だから、コンサルとは緊張感が何百倍も違うだろう。コンサルのメリットに加えて、はるかに実業に近いところで経験が積めそうだと思った。

とりあえず給料をもらいながら知識や経験やスキルを積むのが目的だったので、そこでずっとサラリーマンをやるつもりはまったくなかった。就職した時点で「5年で辞める」と宣言していたぐらいだ。

「ゼロイチ」の才能はなくても「イチジュウ」ならできる

会社ではベンチャー企業への投資の是非を判断する審査部に配属され、毎日いろいろなビジネスに接する機会を得た。ＩＴ系や創薬系をはじめ、１０００人を超える経営者に会って話を聞いている。そこから得た知識や経験はひじょうに大きい。

私がソフトバンク・インベストメントにいたのは、２００5年からの5年間だった。その時期に強く感じたのが、「株を持つことの大切さ」だ。何人もの起業家たちが、自社を株式上場してミリオネアになっていく姿を近くで見ていた。

起業家だけではない。当時は、ヤフー・ジャパンで事務職に就いていた若い女性が同社の上場前にストックオプションのようなかたちで1株だけもらい、それだけで1億円もの利益を得た——という話も聞こえてきた。株というものが持つ威力を思い知らされたわけだ。

「足し算」のサラリーマンでは、どんなに業績を上げて成功報酬をもらったとしても、そんな稼ぎ方は絶対にできない。

ただし、サラリーマンを辞めても、自分で起業家としてベンチャーをやろうとは考えなかった。自分には、起業家として勝負できるほどのずば抜けたクリエイティビティがない。そうわかっていたからだ。

起業家には、「ゼロイチ」――「ゼロ」から「イチ」を生み出す創造的な発想力が求められる。これには相応の才能が必要で、誰にでもできることではない。

イノベーションを起こすまでには、長い時間や大きな労力をそそぎ込む準備も必要だ。しかもあらゆる分野で激しい先陣争いがくり広げられているので、スピード感も求められる。ちょっと遅れただけで「負け」になることもある。このリスクは大きい。

しかし、ゼロイチの才能がない自分でも、「ゼロ」から生まれた「イチ」を大きくすることはできる。私はそう考えた。

新しい商品やサービスを生み出す能力と、それがうまく商売になる仕組みをつくる能力は別物だ。「イチ」は放っておけば1のままだが、やりようによっては5にも10にもなる。「ゼロイチ」は苦手でも、いわば「イチジュウ」の仕事は自分に向いているような気がしたのだ。

だから当時は、いずれ会社経営に携わるとしても、自分がやるのは「CEO」ではなく「COO」的な役割だと思っていた。最高経営責任者としてトップに立つのではなく、最高経営執行責任者として会社を支える。そんなイメージだ。

サラリーマンでいるかぎり「社内政治」にしばられる

ベンチャー・キャピタル時代には、株を持つことの大切さを知る一方で、「やっぱりサラリーマンはこうなんだな」ということもわかった。

会社の事業自体はリスクを負った成功報酬型だが、社員は完全にサラリーマンだ。当然ながら、組織の中で生き残るために「上を見ながら仕事をする人間」も多い。

たとえば、ある案件の進め方について私がAというプランを推したのに対して、別の社員がBという対案を推す。考え方はいろいろあるから、意見が異なることは当然ある。話し合って組織として意思決定すればそれでいい。

ところが、そこでトップが「Aでいこう」という意思を表明した瞬間に、それまで

Bを主張していたはずの人間が「当然、Aですよね」と豹変する。しかも、そうやって上に媚びて自分の考えを簡単に曲げるような人間が、社内で高く評価されて出世していく。

組織とは多かれ少なかれどこもそうなのだろう。多くの人間が上の意向を忖度し、「自分」を殺して表面を取り繕いながら働いている。上は上で、自分に媚びているだけの人間の無能さを見抜けない。はじめから5年で辞めるつもりだったとはいえ、「手がける事業がどんなに面白くても、サラリーマン的社内政治が存在するところでいつまでも仕事していられないな」と強く思ったものだ。

だから会社を5年で辞めたときは、転職活動をするつもりはまったくなかった。

会計士志望者崩れの第二新卒として「タダでも働きます」ぐらいの勢いで入ったので、給料は安かった。もっと給料の高い同業他社に転職することはできたと思う。実際、そういう話もあった。

だが、たとえ給料が上がっても、サラリーマンであるかぎりタカが知れている。たとえ年収500万円が倍の1000万円になったところで、株の持つインパクトを思い知った身から見れば、何だかパッとしない。

自己資金ゼロで兵庫県会議員に当選

とはいえ、まだ自分のやりたいビジネスは見えてこない。そこで私は、ベンチャー・キャピタルでの経験を次のキャリアにつなげるのではなく、いったんグレイト・リセットをしようと考えた。前職の経験を生かして積み上げようとしたのでは、結局はサラリーマン的な生き方しかできない。

それで選んだ道が「政治家」だ。

ずいぶん突飛な話だと思われるだろう。でも、どうせサラリーマン生活を完全にリセットしてゼロベースから勝負するなら、民間のビジネス界とはまったく違う世界のほうがいい。

それに、私は昔から「40歳ぐらいになったら政治家になろう」と思っていた。単純に「日本の社会に貢献する仕事をしたい」というのがその動機だ。その予定が10年ほど早まっただけだとも言える。同じように政治家を目指していた会社員時代の同僚に、

「40歳で新人候補になったんじゃ、遅いですよ」と言われたのも、きっかけのひとつだ。

その同僚から民主党（当時）の公認制度があることを聞いた瞬間に地元の兵庫県会議員選挙を目指すと決め、翌日にはレポートを書き、新幹線に乗って民主党の兵庫県事務局に提出。その頃の民主党は地方議員の候補者探しに苦労していたこともあって、公認候補になることができた。

高砂市選挙区から出馬し、9220票で当選。公認候補になれば、党から選挙資金がもらえる。そのほかに自己資金も200万円ほど必要だったが、提供してくれる支援者が現れ、自分では1銭も出さずの挑戦だった。

多くの場合、夢を断念するいちばんの言い訳は「お金がない」だ。だが、**本当にやりたいことが見つかれば、お金はついてくる**。やりたいという情熱が、恥ずかしさもかなぐり捨ててお金を集めるというマインドセットを生み、人の心を動かすからだ。

私の選挙資金を提供してくれたのは、恩師とも言える経営者だった。コンサルティング料の前払いをしてもらった。その後、ちゃんとコンサルティングをさせてもらい、しっかりと儲けてもらったので、恩返しもできたと思っている。

加古川市長選に出馬して大惨敗

兵庫県の場合、県会議員の稼働日数は、年間80日程度。年に4回の議会開催があり、それぞれ15日ほど登庁し、ほかに月に1回ほどの常任委員会がある。議員報酬は年1500万円だ。

副業はいくらでもできる。というか、地方議員のほとんどは、地元の名士のような人がなっている。そういう人にはもともとの本業があり、議員が副業のようなものだ。その点でも、サラリーマンとはまったく違う。

政治家になってやりたかったのは、行政改革だ。かぎられた予算の中で効率化を図り、アウトプットを最大化する。そのあたりは、CEOよりCOO的な仕事を志向する、自分のビジネスマンとしての発想と根は同じだった。

しかし実際には、県会議員にできることなどほとんどなかった。

都道府県議会はよく「中2階」と言われる。まさにそのとおりの中途半端な存在。国家レベルの大きな方針は国会で議論されるし、人々にとって身近な問題は市区町村議会で扱われる。都道府県レベルで大きく変えられることはあまりない。

やっていることは、形式的な、ほぼ儀式のような仕事ばかり。たぶん、県会議員が全員いなくなっても、世の中はそれほど問題なく回るだろう。

もちろん、県会議員の立場でも、やり方次第で、いろいろなことができるとは思う。でも、自分の性格には合わなかった。

党から公認を受ければ、政治活動は党の一員としてのものになる。また、継続的に当選を重ねるためには、強固な支援組織が不可欠だ。つまり、当選した議員は「組織人」だ。

組織となれば、そこは「忖度」の世界。次に落選しないためには、組織が「カラスは白」と言えば、「黒」とは言えない。だから、言っていることとやっていることの違う議員はいくらでもいる。良くも悪くも、清濁併せのまないとやっていけないのが政治の世界だ。

だから、自分としては、やりたいことをやり、言いたいことを言って、通用しなければいつでも辞めるつもりだった。自分の手で本格的に行政改革をやるためには、やはり首長にならなければならない。県会議員の経験は、その勉強のつもりだった。

そのため、議員2年目には忖度なしで自由に行動し、民主党をクビになってしまった。神戸市長選挙で民主党の対立候補を応援したのだから、無理もない。このとき、民主党の最大の支援組織である労働組合出身の重鎮に、「そんなことしたら、次の選挙が厳しくなるぞ」と、組織に歯向かわないようたしなめられた。その方は私の将来を心配してくれたのだと思うが、組織はこうやってひきしめられていく。

自分のやりたいことができないのであれば、政治家をやっていても意味がない。サラリーマン・マインドセットなら、前述のとおり、県会議員は高待遇だから辞めずに続けるだろう。しかし、資本家マインドセットは許容できない。結局、4年の任期を終える前に県会議員を辞め、出身地である加古川市の市長選挙に出馬した。

もともと、首長になるなら兵庫県知事や神戸市長か、地元の加古川市長を狙いたいと思っていた。しかし自治体の規模が大きければ、それだけ「清濁」の「濁」の部分も大きくなる。やりたい施策をストレートに実現するなら、小回りの利く小さな集団のほうがいい。

そう考えて臨んだ市長選挙だったが、結果は大惨敗。当選したのは、負け惜しみのように聞こえるかもしれないが、見栄えがして挨拶が上手な、掲げる政策に濃淡のない人物だった。

要するに政治は数。多数の支持を得なければ、選挙に勝てない。強い意見を持たず敵をつくらないタイプの政治家でなければ、民主主義では生き残れないのだ。

そんな生き方をするなら、サラリーマンと変わらない。考えてみれば、「社内政治」に長けた人間が出世するのがサラリーマンの世界。そんな「社内政治」がイヤでサラリーマンを辞めたのに、本家本元の「政治」の世界に入ってしまったのは、自分でも笑うしかない。

ただ、何ごとも実際にやってみないとわからない。貴重な経験値を得られたことに対しては、十二分に納得感がある。

ロンドンで神戸ビーフの販売会社を立ち上げる

市長選挙に落選してから1カ月ほどは、「次は何をしようかな」とボンヤリ考えながら過ごした。それまでの人生を振り返って反省したのは「やっぱり中途半端にやっていたのではダメだ」ということだ。

とくに公認会計士になるための受験勉強は、仕事の中身もわからず、とくにやりたくもないのに、安定収入がほしくて取り組んでいた。うまくいかなかった最大の理由はそこだろう。

ベンチャー・キャピタルの仕事自体は、相当面白かった。だが、業務の半分は「社内政治」だったり、「ための仕事」だったりしたので、やはり期間限定にしかなり得なかった。

県会議員も、首長になるためのステップと位置づけていたから、十分な結果を出せなかった。

自分のパフォーマンスを最大化するには、やはり本当に面白い、本当にやりたいと思えることをやらないといけない。

そんなことを考えながらブラブラしているあいだに、あちこちから「こんな仕事をやってみないか」と声をかけてもらった。その中で「面白そうだ」と思ったのが、ロンドンで神戸ビーフの販売会社を立ち上げるプロジェクトだ。

サラリーマン時代に2年ほどシンガポール勤務を経験したので、外国での仕事は初めてではない。しかし、ヨーロッパの成熟したマーケットでの仕事には興味を惹かれた。右肩上がりでガンガン成長しているアジアとは違う面が、いろいろあるだろう。

それでロンドンに行って会社をつくり、日本から輸入した神戸ビーフの販路を開拓した。やってみると、やはり未成熟なアジアのマーケットとは違う。

ルールが整備されていないアジアでは、好き勝手にやれる余地がある。ヨーロッパでは、厳しいルールから外れると何もできない。長い歴史を持つだけに、古くからの利権があちこちにあり、それをクリアするのも大変だ。

飲食店舗ひとつ開くにも、新規参入には大きな壁となる高額の営業権が設定されている。景観に関する厳しい規制もある。看板の形がちょっと規制から外れただけで認可が通らず、レストランが1年間オープンできず、家賃だけの支払いが続いた知人もいた。

そんな苦労を味わいながらも事業は軌道に乗り、スタートから1年半ぐらいで、年商2億円ぐらいになった。

事業立ち上げにあたってのコンサルを、というのが当初の依頼だったので、私の役目はひとまず終了。のめり込むくらい面白いと感じればそのまま続けていたと思うが、商売がうまく回り始めたところで、自分の気持ちが一段落ついてしまった。そこで会社は現地の社員たちに引き渡して、日本に帰国する。

それから始めたのが、いまの投資ファンドだ。

自己資金ゼロで資本家ポジションを手にする

投資ファンドを始めたきっかけは、中小企業の株をメインで買っていた投資家から話を聞いたことだった。これから日本は中小企業の廃業が増えるから、買える会社はたくさんある、と言う。

それを聞いて自分でもいろいろ調べてみると、たしかに「大廃業時代」がやってくるのは間違いなさそうだ。いまからその世界に飛び込めば、「資本家」として勝てる見込みは相当に高い。

もし私が豊富な資金を持つ資産家なら、自分で会社を買っただろう。でも、いかんせん自己資金はゼロだ。そこで、その投資家に「私はベンチャー・キャピタルの経験もあるから、ファンドをやりますよ」と持ちかけた。

と言うのも、その投資家自身はいくつもの会社を買って所有するだけで、それを売却するという経験が薄かった。それだと、株主として配当収入を得るか、会社に費用を充てるだけだ。

しかし私は、会社の市場価値を高めて売却し、キャピタルゲインを得るための仕組みを知っている。そうすれば、投資家にとっても利益が何倍にもなる。

そうやって、30億円の投資ファンドがスタートした。自分の持っている経験やノウハウと行動力を売って資金を調達し、「資本家」のポジションを手に入れたわけだ。

ファンド業界にいれば、トラックレコード（過去の投資案件のパフォーマンス）が高くなければいけない。私は、ベンチャー・キャピタルの経験はあったが、中小企業を買ったことはない。それ専用のファンド運営の経験もない。

それでも、資金を集められたのは、やりたいという情熱を語ることができたからだ。しつこいが、**お金がなくても、なんとでもなる。**

30億円の投資ファンドといっても、いきなり全額を預かって運用するわけではない。全体の予算は30億円だが、たとえば私が見つけてきた投資案件が5億円なら、それが決まった段階で5億円を銀行口座に振り込んでもらう。「キャピタルコール方式」と呼ばれるやり方だ。

そうやって徐々に投資先を増やし、売却によるキャピタルゲインを投資家に支払いながら、6～7年かけて約30億円を使い切る見込みになっている。

これまでの実績は、前の章で紹介したとおりだ。

資産数億円、数十億円、数百億円、誰がいちばん幸せか？

今後どうなっていくかはわからないが、いまのところ、そんなに事業を拡大するつもりはない。**組織が大きくなると、必ず「政治」が始まる**からだ。

複雑な人間関係の中で生じる、清濁併せのむようなコミュニケーション・コストの鬱陶しさは、サラリーマン時代にも政治家時代にもイヤというほど経験した。それがイヤで、組織マネジメントが不要で、**パッシブ・インカム**（受動的所得＝本書では仕組みで所得を生む意味とする）となる、いまのビジネスにたどり着いた。

すでに投資ファンドとしての実績は上げているし、ノウハウも積み重ねているので、規模を大きくすれば収益も膨らむだろう。しかし、お金がいくら手に入っても、それで自分が幸福になるわけではない。

前にも話したとおり、お金は単なるツールだ。私は「資産家」になりたいわけではない。あくまでも「好きなことを、好きな人と、好きなように」できる「資本家」として生きたいから、この仕事をやっている。

これまで私は、大勢のお金持ちを近くで見てきたが、資産のケタが多ければ幸せかと言うと、決してそんなことはない。持っているキャッシュが数億円、数十億円、数百億円の人たちを比較すると、**いちばん幸せそうなのは「数億円」クラスの人**だ。

ヒトケタ増えて「数十億円」クラスのお金持ちになると、悩みが格段に増える。と言うのも、数億円クラスの人はわりと大勢いるので、世間でそんなに目立たない。ところが数十億円クラスになると「大金持ち」として名前も知れ渡ってしまう。するると、怪しい筋の連中も含めていろいろな人たちが近寄ってくる。それがイヤで、なるべく目立たないように地味な国産車に乗っている人もいる。お金を使っているのか、お金に使われているのかわからない状態だ。

逆に、数億円クラスの人は、「自分の時間」を確保するために無駄なことはお金で解決することができるレベルとなり、自由な生活を続けられる。同時に、社会の平均的な金銭感覚とのずれも少ないことから、友だちとも継続してつき合うことができ、楽しそうに暮らしている。

数百億円レベルのお金持ちになると、もう突き抜けてしまった感じで、目立つのを避けてコソコソすることもなくなる。とはいえ、そんなに楽しそうにも見えない。お金がありすぎて、ケタ外れの金銭感覚になってしまい、遊ぶ相手も限られてしまうことが多い。そんなことから、家庭の愚痴ばかりこぼしている人もいる。

やはり、どんなにお金を貯めても、それだけで面白く幸せな人生にはならない。お金があっても、友だちは買えないし、家族問題は解決できないのだ。

第5章

会社を買って「資本家」になる

日本企業の3分の1が消える「大廃業時代」

いよいよこの章では、「資本家」になる方法について話そう。

どんなレベルの収入を目指すかはともかく（もちろん数十億、数百億円レベルを目指す人がいても全然かまわない）、脱サラリーマンを志向するなら、個人で「会社を買う」のがベストな選択だと私は考えている。

そのノウハウについては、『サラリーマンは300万円で小さな会社を買いなさい』とその続編『サラリーマンは300万円で小さな会社を買いなさい　会計編』で詳しく書いたので、ここではいくつかのポイントに絞ることにする。

すでに何度か指摘したとおり、中小企業が「大廃業時代」を迎えようとしているいまの時代は、誰もが資本家になれる大きなチャンスだ。私がロンドンからの帰国後に投資ファンドを始めたのも、それが大きな環境要因だった。

日本の中小・零細企業の経営者はどんどん高齢化している。20年前は平均44歳だったのが、いまは66歳。中小・零細企業は日本全国におよそ380万社あるが、日本経済新聞の記事によれば、その社長のうち約245万人が70歳を超えているという。

いちばん深刻な問題は、多くの会社で後継者がいないことだ。社長が60代の会社では53％、70代では42％、80代でも34％の企業で後継者がいない。だから高齢になっても引退できず、社長の平均年齢も上がるわけだ。

後継者がいなければ、いずれ会社はたたまざるを得ない。実際、すでに年間3万社ぐらいが廃業しており、その半分は黒字企業だ。その流れは加速していき、今後10年間で約127万社が廃業に追い込まれると予想されている。日本全体の企業数は約400万社だから、3分の1の会社がなくなりそうなのだ。

これが日本経済に与えるインパクトは相当なものだ。

日本企業の99％以上は中小・零細企業。経済産業省は、このままだと2025年までに約22兆円ものGDP（国内総生産）が失われると警告を発している。失われる雇用は約650万人。労働者の約7割が中小・零細企業に勤めているのだから、そちらのインパクトも大きい。

少し前には、「痛くない注射針」で有名な岡野工業がいずれ廃業することも話題になった。社長の岡野雅行さんが50年ほど前に創業した従業員わずか3人の小さな町工場だが、30もの特許を持っている。年商8億円の優良企業だ。そんな会社でも、後継者がいなければ続けることができない。じつにもったいない話だ。

中小企業のM&A業界はまだブルーオーシャン

しかし逆に言えば、これは宝の山。**高い価値を持つ中小企業が安く買えるマーケット**がそこにあるのだ。そのため数年前から、中小企業のM&Aを仲介する企業の株価が右肩上がりで上昇してきた。

ストライクという会社は、純利益が9億円程度なのに、時価総額が400億円超。株価と純利益の比率を示すPER（株価収益率）は39倍だ。一時は100倍をつけていたこともあり、総じて株価の高いネット企業と比べても、かなりの高PERだった。それだけ、中小企業のM&Aは成長産業として期待されているわけだ。

中小企業のM&Aを仲介する企業の株価の推移

日本M&Aセンター

純利益:81億円(2018/3連)
時価総額:4,717億円
PER:55倍

M&Aキャピタルパートナーズ

純利益:21億円(2018/9連)
時価総額:827億円
PER:31倍

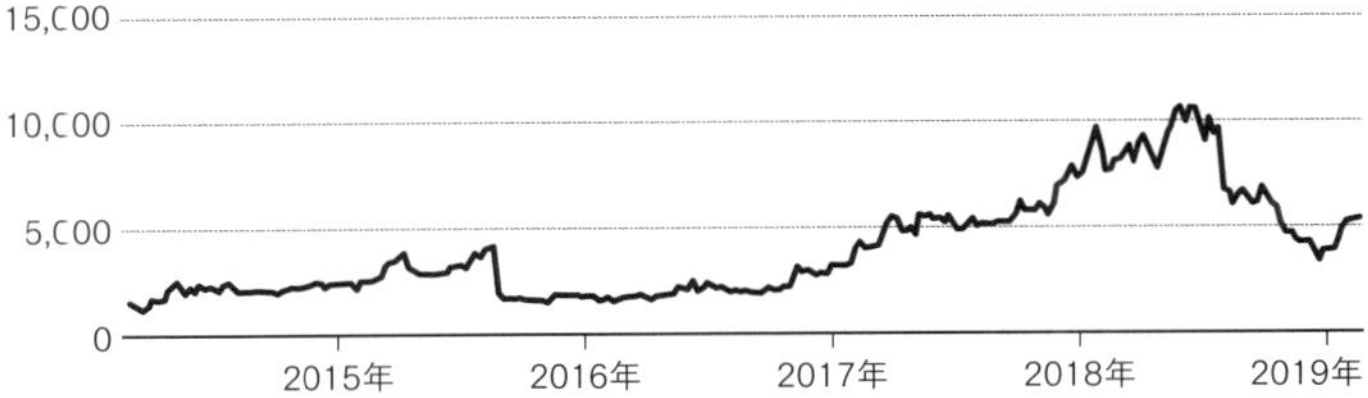

株式会社ストライク

純利益:9億円(2018/8単)
時価総額:419億円
PER:39倍

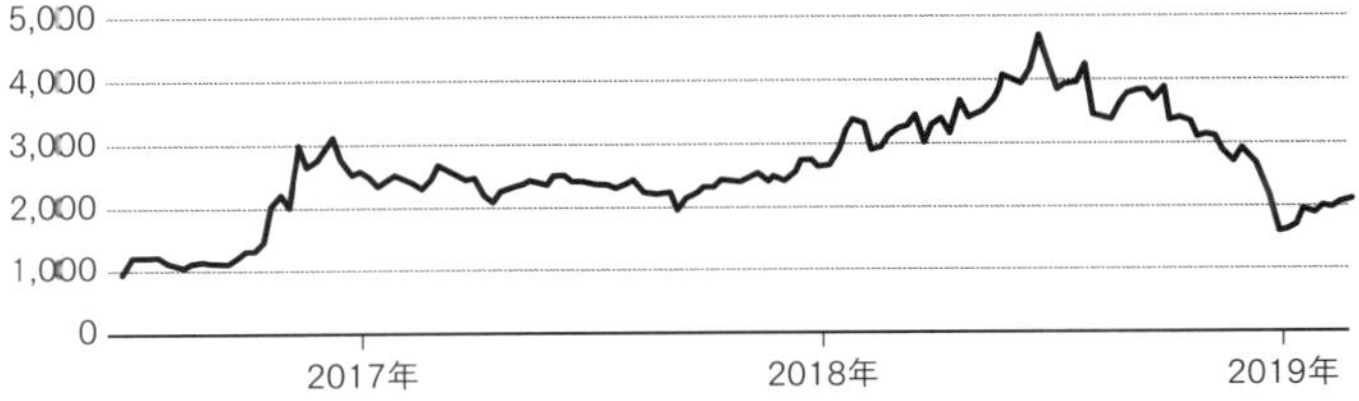

時価総額、PERは2019年2月25日現在

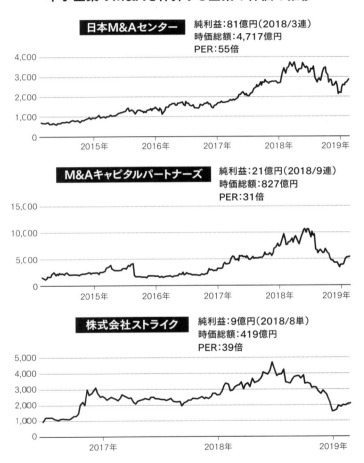

ちなみに、2019年1月に東洋経済が発表した「平均年収が高い会社」全国ランキングでは、1位が先ほどの株価グラフにも名前の出たM&Aキャピタルパートナーズ。平均年収は2994万円と、3000万円に迫る勢いだ。5位のGCAもM&Aのファイナンシャル・アドバイザーだ。ストライクも7位に入り、M&A関連企業がトップテンに3社も入っている。日本M&Aセンターも23位と上位だ。

M&A仲介会社が社員にこれだけ高い給料を払えるのは、なぜか?

これは、その業種のプレーヤーがまだ少ないことを意味している。大きな収益が上がるにもかかわらず、そのビジネスを手がける人間が少ない。だから、高い収益率となり高い給料が払える。

つまり、この世界はまだ競争があまり激しくない。いわゆる「ブルーオーシャン」が広がっているのが、中小企業のM&Aだ。

だからこそ、いまなら誰でも参入できるし、成功する可能性も高い。「大廃業時代」を迎えようとしているというだけでなく、まだプレーヤーが少ないという意味でも、このビジネスは「いまがチャンス」なのだ。

平均年収が高い会社トップ10(全国版)

順位	社名		平均年収(万円)	前年比増減額(万円)	平均年齢(歳)	本社所在地
1	**M&Aキャピタルパートナーズ**		2,994	1089	31.5	東京都
2	キーエンス		2,088	227	35.9	大阪府
3	マーキュリアインベストメント		1,822	718	41	東京都
4	TBSホールディングス	純	1,632	▲29	51.5	東京都
5	**GCA**		1,559	▲580	37.3	東京都
6	三菱商事		1,540	154	42.7	東京都
7	**ストライク**		1,539	▲238	36.2	東京都
8	ヒューリック		1,530	112	39.8	東京都
9	朝日放送グループホールディングス		1,478	▲37	43.6	大阪府
10	日本テレビホールディングス	純	1,461	34	48.6	東京都

(注)社名横の「純」は調査の時点の純粋持ち株会社の数字を使用。
平均年収は単独の数字で、単独従業員数が20人以上の会社が対象。
▲はマイナス。空欄は比較不可。

出所:2016年8月期〜2018年8月期の有価証券報告書従業員の注記会社。「会社四季報」2018年4集。

もちろん、チャンスはいつまでも続くわけではない。プレーヤーは徐々に増えていくはずだから、そのうち競争は激しくなる。

ちなみに、上場3社の株価は、一息ついているとも言える。私のまわりでも、中小企業のM&A仲介で上場を目指している会社があるが、不動産仲介と同じようなビジネスモデルで特段の参入障壁はないため、すぐに過当競争になってくるだろう。

しかも、多くの中小企業が本当に廃業してしまったら、もう買うことができない。廃業前に多くの企業を買えるのは、これから10年間程度が限度だろう。いま70代で後継者の見つからない経営者は、10年以内に廃業を選択する可能性が高い。

したがって、小さな会社を買って「資本家」としての生き方を始めようと思うなら、できるだけ早くアクションを起こすことが大事だ。

ベンチャー業界には「ファーストペンギン」という言葉がある。エサを求めて、最初に海に飛び込むペンギンのことだ。最初に飛び込めば天敵に狙われる可能性が高いが、海のエサは食べ放題となる。最初に行動した人が、ハイリスクだがハイリターンを取れるという意味だ。

このことは、私が証明している。2年前、大廃業時代の到来と、それを解決する手法としてサラリーマンが会社を買うことを講談社のオンラインメディア「現代ビジネス」で発表した。当初は、ファーストペンギンだったので、「サラリーマンが会社なんて買えるか！」とさんざん叩かれた。

しかし、実践者が現れ、現実味が理解され、講談社で書籍化もされることとなった。日経や東洋経済、ダイヤモンドやプレジデントなどほぼすべてのビジネス系メディアから取材を受け、テレビ東京の「ワールドビジネスサテライト」でも特集が組まれた。前述のオンラインサロンも運営し、このように幻冬舎からも書籍を出版できた。

しかし、これを二番煎じの誰かがやっても、誰も見向きもしないだろう。つまりは、私に実力があったわけではなく、最初に飛び込んだからこそ、すべてを経験することができたのである。**ファーストペンギンは、Winner-takes-all（勝者総取り）**なのだ。

中小企業のM＆Aの世界も、いまのブルーオーシャンがレッドオーシャンになる前に始動した者が勝つ、と思ったほうがいい。

いまなら個人でも高い価値のある会社を安く買える

中小企業のM＆Aがレッドオーシャンになれば、当然、会社の「買い値」は上がってしまう。廃業しそうな会社が売りに出されることが当たり前になると、買収を希望するプレーヤーたちが増え、入札競争になる。その結果、会社を買ったあとに企業価値を上げられる自信のある人、つまりは専門家しか買えなくなる。個人ではとても太刀打ちできない。
しかしブルーオーシャンのいまなら、個人でも十分に安く買うことができる。将来的には高値がつくであろう会社を安値で買収する、いわゆる**アービトラージ（同一価格の商品ながら異なる市場で形成される）が可能**なのだ。

日本の中小企業には「身売り」を嫌う文化がある。これは、会社のオーナーと経営者が一致していることが多いからだ。

オーナーは株を持って配当を得るだけでなく、社長として従業員や取引先と顔を合わせながら仕事をしている人が多い。自分の会社を売ろうとしていることは、なるべく知られたくない。

会社の所有と経営が完全に分離されている大企業なら、そのような配慮は無用だ。むしろ、株式価値の公平性などを担保する意味も含めて、広く入札を募り、より高値をつけた相手に売却しようとする。

しかし中小企業のオーナーは、それをしたくない。もちろん会社を売却すれば最終的に誰もがそれを知ることにはなるのだが、それまでは公にせず自分だけで話を進めたい。買ってくれそうな会社や個人がいれば、その相手と一対一で条件を話し合いたいわけだ。

そうやって相対で交渉ができるのは、買い手にとってきわめて有利だ。「言い値」で話がまとまる可能性が高いからだ。

大企業のM&Aの場合、株主が多く、客観的な数値を求められることから、その値段は「純資産価格法」「DCF法」「類似会社比準法」など、さまざまな手法によって合理的に計算される。持っている資産やこれまでの業績など公開された数字に基づいて適正な価格が弾き出され、それを踏まえた上で入札が行われる。

しかしオーナーと買収希望者が相対で交渉するときに、そういう客観的な企業価値計算はそこまで存在しない。株主がひとりか家族だけというレベルなので、オーナーの腹次第なのだ。したがって、入札を行った場合に想定されるよりもずっと安い値段でも、オーナー個人が納得しさえすれば取引が成立する。

言うまでもないが、そのような**相対取引を成功させるには、個人同士の信頼関係が必要**だ。

「この人なら任せても大丈夫」とオーナーが思うことができれば、値段にはあまりこだわらなくなる。どこの馬の骨かわからない相手に「身売り」をしたと思われるより、信頼できる後継者に会社を「譲った」というかたちにしたほうが、従業員や取引先に納得してもらえる——小さな会社のオーナーはそんなふうに考える。

そうやって相対で交渉できる会社をどうやって見つけるのかは、のちほど話そう。ひとまず、いまはまだそれができる時期だということを頭に入れてほしい。高い価値のある会社を安く買える、アービトラージが存在しているうちに行動を起こすべきだ。

健全な黒字会社が個人の貯金レベルの資金で買える理由

個人が「会社を買う」という行為は、これまで一般的ではなかった。「本当に誰でも買えるのか？」「その世界では安く思えても、ふつうの感覚からすればやはり高いのでは？」などと思う人は多いだろう。

最初の著書を出したときも、そのタイトルを見た人たちからツイッターで「300万円なんかで会社は買えないだろう」などと言われたものだ。「たとえ300万円で買えたとしても、そんな安い会社は簿外負債があって中身はボロボロのはず」などと言ってくる人もいた。

結論から言えば、「そんなことはない」。

タイトルにうたった「３００万円」という数字に、さほど大きな意味はない。サラリーマンでも、個人の貯金レベルの資金で買える会社があるということを、シンボリックに伝えたかっただけだ。もちろん、それ以下で買える会社もたくさんある。簿外負債など一切ない健全な黒字会社でも、だ。

たとえば２０１８年６月に、ある私営図書館が閉館に追い込まれたというニュースがあった。東京都新宿区、ＪＲ高田馬場駅近くにある雑誌図書館「六月社」だ。約10万冊もの蔵書があり、テレビ局や新聞社などのメディア関係者が調べ物によく利用してきたらしい。入場料は５００円で、20年前には月に１０００人もの利用者がいたものの、現在はそれが激減。そのため閉館を決めたのだが、問題は蔵書の処分だ。引き受けてくれる図書館はなく、廃棄物として処分すると１００万円もかかる。

廃業したいけれど、それにも多額のコストがかかってしまうので、どうすることもできず立ち往生。こういうケースは決してめずらしくない。

廃業すると工場を潰さなければいけないが、それにはかなりのコストがかかる。地価が安い地方だと、土地を売り払っても廃棄代を捻出できないのだ。

だから、売上は25億円、利益も数千万円以上ある会社なのに「引き継いでくれるなら1円でもいいから売却したい」——そんな会社が、私が投資ファンドをやっていく中でも実際にあった。

事業が生きていれば資産にプラスの価値があるのに、事業を停止したとたんに廃棄処分などのマイナスコストが発生し、資産価値が目減りするどころかマイナスになってしまうのだ。

閉館した六月社も、利用者が減ったとはいえ、蔵書には価値がある。誰かが引き継いで経営を立て直す方法はいくらでもあるだろう。

たとえば主要な出版社の社員たちが連携してタダで会社を引き継ぎ、各社の廃棄する雑誌を集めて追加していくシステムをつくれば、低コストで蔵書を増やしていくことができるかもしれない。貴重な資料を残し続けることの大切さをメディア関係者などに訴えて活発な利用を呼びかけるなど、集客を増やす方法も考えられるはずだ。

図書館として維持するのが難しいとしても、蔵書はただのゴミではない。100万円かけて処分するのではなく、逆にお金を生む「商品」にすることはできる。報道によれば『ａｎ・ａｎ』の創刊号という希少価値の高いバックナンバーもあるのだから、メルカリに出品すれば高く売れるはずだ。

ちょっと前には、安室奈美恵の引退記事を載せた琉球新報がメルカリで９９９円で売れていた。『ａｎ・ａｎ』の創刊号にどれだけの値がつくかわからないが、マニアのあいだでセリにかければ何十万円かになっても不思議ではない。

そういう希少価値のある蔵書を何冊か売っただけで、廃棄処分にかかる１００万円を上回る収益が出るのではないか？

廃業しようとしている中小企業も、そうやって別の角度から商売を考える人が現れれば、新たな可能性が広がるのだ。このあたりの詳細は、２０１９年2月に発売された『サラリーマンは３００万円で小さな会社を買いなさい　会計編』を読んでいただければと思う。

まずは「やりたい」というフラッグを立てる

サラリーマンに手の出せる範囲で安く買える中小企業はたくさん存在する。だとすれば次の問題は、それをどうやって探すのかだ。

最近では、「トランビ」や「バトンズ」といったインターネットサービスで、売りたい会社を見ることができる。

本書執筆時点では、「トランビ」は約900件、「バトンズ」は約800件の売り情報が掲載されている。ぜひ一度、のぞいてみてほしい。

もっとも、表に出回っている情報は誰でもアクセスできるので、買い手のあいだで競争が発生してしまう。安く買うためには、可能なかぎり「相対」で交渉したほうが有利だ。そのためには、出回っていない水面下の情報を得る必要がある。

当然ながら、そんな情報に出会うのは簡単なことではない。ここは覚悟を決めて、地道な営業活動を粘り強くやることが大事だ。

まずやるべきは、中小企業のM&Aを「やりたい」というフラッグを立てることだ。会社を売りたい経営者とダイレクトに知り合うのは容易ではないけれど、友人や知人の中には、そういう会社や経営者に心当たりのある人がいるかもしれない。たとえば年賀状やSNSのプロフィール欄など、人目につくところで意思表示をしておけば、それを目にした人から情報が入る可能性がある。

また、仕事を通じて税理士や会計士、あるいは不動産業者などを知っているなら、日頃からそこにアピールしておくのもいいだろう。そういう業種の人は、身近なところにある中小企業の情報を持っている。「そういえば、あそこで工場やっている社長、後継ぎがいなくて悩んでいたな」といった話が聞けるかもしれない。

会社経営者は経営者同士のつながりが多いことも、知っておいたほうがいい。業界団体や地元の商工会議所などを通じたつき合いがあるので、社長には「社長の友人」ができやすい。

だから、もし自分の友人や知人に社長業をやっている人間がいれば、有力な情報源だ。「会社を買いたいと思っているんで、何かあったら教えてくれ」と伝えておくといいだろう。顔が広そうな社長を紹介してもらったり、賀詞交換会など「社長の集い」に顔を出すのも手だ。

サラリーマンにとっていちばんいいのは、**「知り合いの会社を買う」**ことだ。まったく知らない会社を買おうと思ったら、事前に入念な調査をしなければいけない。交渉の中で相手が嘘をつかないともかぎらない。しかし、自分が仕事で長くつき合っている取引先などの場合、そういう手間やリスクは格段に小さくなる。自分のほうも業界の事情にもなじんでいるから、話は早い。

私自身は、仕事として投資案件の発掘に再現性を高めないといけないことから、投資ファンドを始めたときは、さらに相当な手間をかけた。

およそ2カ月のあいだに声をかけたのは約3000人。それから1カ月のあいだに集まった投資案件は約200件。これはいわば投資先の「候補」だ。

その約200件の中身を詳細に検討して5件まで絞り込むのに、また1カ月。その中の1件に投資を実行したのはさらに1カ月後。最初に声かけを始めてから5カ月ほどかかったことになる。

M&Aをやっているほかの会社の様子も紹介しておこう。ZIGExNという会社が公表している実績を見ると、ソーシング総数が約600件で、そのうちコンタクトを取ったのが約120件。最終的にM&Aを実施したのは10件だ。

その道のプロでも、このような具合だから、端的に言って、営業には根性が必要だ。

ここは、資本家という新しい生き方を実現するまでに超えなければいけないハードルのひとつだろう。「誰でも会社を買える時代」なのはたしかだが、楽をして「金のタマゴを生むニワトリ」を手に入れられるわけではない。

手金ゼロで3000万円の会社を買った25歳サラリーマン

そもそも会社の経営も「根性」が求められる仕事だ。

どんなに将来性のあるビジネスモデルでも、ハートが強くなければ結果が出るまで続けることはできない。さまざまな苦労やプレッシャーがあるので、気持ちが折れたらそこで負け。逆に言えば、**気持ちさえ折れなければ続けていける**。

だから、投資先を選ぶときは、自分がそのビジネスを心から「面白い」と思えるかどうかが重要だ。

数字や理屈の上で「うまくいく確率が高い」と判断したビジネスモデルでも、自分がそれを面白いと思えなければ、苦境を乗り越えるだけの根性は出ない。逆に、そのビジネスが好きで、自分にとって面白いものであれば、やっているうちに必ず良くなっていく。

相対での交渉で、売り手の信頼を得るのに必要なのも、そういう熱意だ。

単に「このビジネスは儲かりそうだから買いたい」というだけの人に、自分が大切に育ててきた会社を譲る気にはならない。「このビジネスをもっと良くするために自分ならこうします」と、熱意を持って語ることができなければ、相手の心を動かすことはできない。

その好例として、25歳の若さで京都のアルミ切削機械メーカーを買った元サラリーマンのケースを紹介しよう。

彼は大学卒業後に大手電機メーカーに就職したが、当初は「いつか自分で起業したい」と考えていた。しかし自分で「ゼロイチ」の事業を興すのは、ハードルが高い。そう思っているときに、私の本に出会った。本を読んで事業承継というかたちで既存の会社を買えばいいことに気づき、事業承継についても勉強したそうだ。

すごいのは、そこからだ。

ネットのM&A仲介サービスに掲載されていたアルミ切削機械メーカーに将来性を感じて「買う」と決めた彼は、東京から京都まで何度も通って、70歳のオーナーを熱心に口説いた。25歳の若者が、その年齢のオーナーに「君になら譲る」と言わせたのだから、きっと猛烈な熱意がほとばしっていたのだろう。

しかし会社を買うといっても、サラリーマン歴1年半程度の人間にそんな資金があるわけがない。しかも値段は3000万円だ。

ところがオーナーから話を聞いた金融機関が、「そんなに熱心な人がやるなら、会社もこれから伸びるだろう」と融資を引き受けた。結局、彼は手金ゼロで3000万円の会社を買ってしまったのだ。

このように、**相対の交渉で成否を大きく左右するのは、「熱意」と、そこから生まれる「スピード」**だ。

彼は、案件発掘から買収まで、たった3カ月で成し遂げてしまった。もたもたしていると案件はほかの人に流れてしまう。幸福の女神に後ろ髪はない。

ただ、自分が面白いと思えないビジネスに熱意を持つのは難しい。興味のない仕事でも命令されたとおりにやるサラリーマンとは、その点でも大きく違う。

小さな企業の業績改善にはゴーンもジョブズもいらない

アルミ切削機械メーカーを買った25歳の若者は、前オーナーの見立てどおり、会社の業績を大きく伸ばした。

それまで200万円程度だった会社の月商は、彼が社長になってから3倍ぐらいにまで増えている。取引先に営業して発注量を増やしてもらったり、ＡＩの開発をやっていた高校時代の友人を呼んで2人でソフトウェアを改良したりして、生産量を一気に高めたそうだ。

会社を買ったら、こうやってバリューアップを図るのが、資本家にとって大きな課題である。配当収入を得るにしても、売却してキャピタルゲインを狙うにしても、企業価値を高めなければ話にならない。ニワトリを金のタマゴを生むように育てるのは、資本家の役目だ。

東京や大阪などの大企業に勤めていると、よほどの才覚がなければ、企業のバリューアップなどできないと思うかもしれない。

しかし地方の中小企業のバリューアップに求められるのは、そんなレベルの改革ではない。カルロス・ゴーンのように豪腕をふるって大規模なリストラを断行することも、スティーブ・ジョブズのように画期的なイノベーションを起こすことも、まったく必要ない。

大企業のサラリーマンから見たら、「えっ、そんなこともやっていなかったんですか？」という程度の改革で、驚くほどの成果が上がることは少なくない。

たとえば、営業会議をやっていない会社はいくらでもある。小さな会社は社長の考えがすべてだったりするので、社員とのディスカッションをするという発想そのものがない。そのため、現場からの情報や意見に基づく経営改善などがしにくくなっている。

また、小さな会社では、往々にして、オーナー（会社）の財布と経営者（社長）の財布が切り分けられていない。資金繰りのことなども知られたくないため、会社の損益計算書や貸借対照表などを社員に見せない会社はよくある。そうすると、財務数値などをベースにした事業計画をつくることができず、本質的な経営改善の議論が生まれない。

このように、会社のマネジメントが社長ひとりに属人化されているのが、地方の小さな会社の特徴だ。

そういう会社にとってまず必要なのは、**大企業ではどこでも当たり前にやっていることばかり**だ。

売上が落ちているなら、営業会議を開いて現状の問題点を洗い出す。営業先のリストさえないところもあるから、それを整理して電話をかけるところから始める。財務数値をベースにした事業計画を策定し、社内のあらゆる業務について、ＫＰＩを設定し、ＰＤＣＡサイクルを回す。そんな当たり前のやり方を導入するだけで、業績が改善する会社が多いのだ。

東京と地方のあいだでは「タイムマシン経営」が成り立つ

私が関わった会社では、こんなこともあった。

営業車を車検に出すのに15万円かかるという。「ほかの業者もあたった？」と聞くと、「いや、いつもお願いしている近くの車屋さんなんで」。狭い地域社会だからわからなくもないが、大企業なら必ず複数の業者から相見積もりを取ってコスト削減を考えるはずだが、そういう発想がそもそもない。

取引先に値引きを要求されたときも、大企業ならまず「交渉する」のが当たり前だが、地方の小さな会社では、その常識が通用しない。たとえば３０００万円の取引で相手に「２５００万円にしてくれ」と要求されると、担当者は平気で「この金額でいいですか？」と聞いてくる。いいわけがない。

そんなことをしていたら、業績が伸びないのは当然だ。だが、逆に言えば、そのレベルの改革で業績アップができるなら、大企業の「当たり前」を身につけている元サラリーマンなら誰でも、十二分に成果を上げられる。

人手不足で事業が停滞し、再生フェーズになっていた会社では、私が「人を確保するために人材派遣を入れるのはどうですか」と提案したのに対して、「人材派遣なんて考えたこともなかった」と言われたこともある。そんな常識的な手段さえ、中小企業では浸透していないことが多い。とくに地方の中小企業は、情報が入りにくく、オーナーの個人的感覚で経営していることから、その傾向が顕著だ。

その意味で、東京と地方のあいだでは、いわゆる「タイムマシン経営」が成り立つと言えるだろう。

タイムマシン経営とは、アメリカで成功したビジネスモデルを日本に持ち込んで、大きな利益を得る経営手法のこと。ソフトバンクの孫正義さんが90年代の終わりから2000年代のはじめにかけて提唱したものだ。

当時のアメリカは日本より「ちょっと先」を行っていた。それを誰よりも早く日本で展開すれば、未来からタイムマシンでやってきたかのように有利な立場になる。

それと同じように、いまの**東京のビジネスモデルを地方に持っていくだけで、中小**

企業のチャンスは拡大するだろう。

もっとも、改革のヒントは社外にしかないわけではない。経営者は変わっても、社員は残っているのだから、彼らから意見を聞き出すことも重要だ。

先ほど述べたとおり、ほとんどすべてが社長の一存で決められ、社員とのディスカッションがない中小企業は多い。

しかし社員は日頃から、会社のあり方についてけっこう真剣に考えている。地方の中小企業に勤めている人たちは、地元に密着した自社の商品やサービスを心から愛しているので、「この会社を何とか良くしたい」という思いが強いのだ。

そもそも地元に残り、中小企業に勤めるのは、地縁・血縁を大切にしたい人だろう。この点において、大企業で就職戦争、出世戦争で「合成の誤謬」に陥っているサラリーマンとは違う軸の生き方を、主体的に選んでいるとも言える。

だから新しい経営者が行って、「いままで何が良くなかったと思いますか」「こうしたほうが良いという提案はありますか」などと聞き出すと、次々と建設的な意見が出てくる。それを一つ一つ実行するだけで、会社はずいぶん変わるものだ。

ただし、意見やアイデアがあっても、それを実行に移すＰＤＣＡサイクルの習慣がない人は多い。そういった場合、ただ聞き出すだけでなく、良いと思われる意見を会議室のホワイトボードに箇条書きにし、それを「誰が」「いつまでに」やるかを明確にしただけで、多くの会社は業績が改善する。

飛び抜けた才覚や経営センスなどがない元サラリーマンでも、会社をバリューアップする改革が十分に可能なことが、これでよくわかってもらえたのではないだろうか？

失敗のリスクは「期待値」で判断する

そうやって企業価値を高めることに成功したら、早々に後任をつくり、次に駒を進める。株式を持つことに「自分の時間」を使う必要はない。後任をどんどんつくっていくことで、サラリーマン時代は「足し算」でしか増えなかった収入が、「かけ算」で増えていく。

とはいえ、当然のことだが、バリューアップは必ず成功するとはかぎらない。失敗して逆に企業価値が下がってしまえば、収入が増えるどころか、買収に投入した資金さえ回収できなくなる。

資本家を目指しながらも多くの人が躊躇《ちゅうちょ》する最大の理由は、たぶんそこだろう。いままで安定した収入を得ていたサラリーマンほど、「失敗したら生活そのものが破綻してしまうのではないか」という恐怖心が強い。

リターンがあればリスクもある。投資である以上、当たり前だ。

運転免許を取得すれば自由にクルマで移動できる利便性が得られる一方で、交通事故を起こしてしまうリスクも生じる。リスクをゼロにしようと思ったら、より良い人生は送れない。やりたいことを我慢して、つまらない日々を受け入れるしかない。やみくもにリスクを恐れるのは馬鹿げているが、無謀につっ込んでいくのも破綻への道だ。

そこで**必要なのは**、**計算**だ。

自分のやりたいことをやってリターンを得たいなら、どこまでリスクを取れるのか、冷静に「計算」した上で判断を下すべきだ。そこで役に立つのが、「期待値」の考え方だ。

期待値の考え方

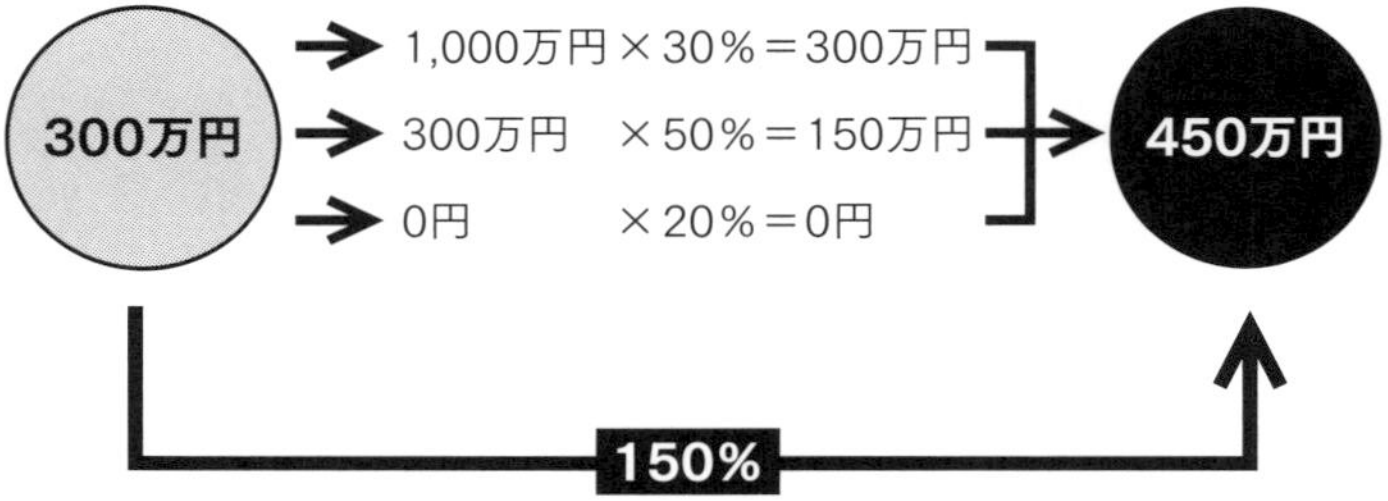

たとえば300万円で会社を買うなら、その企業価値が上がって最終的に1000万円で売却できる確率はどれくらいあるかを考える。もしそれが30％なら、その部分の期待値は300万円（1000万円×30％）だ。

では、会社の業績が上がりも下がりもせず、買収価格と同じ300万円で売れる確率はどうか。「5分5分だな」と思うなら50％だから、その部分の期待値は150万円（300万円×50％）となる。

さらに、経営改革に大失敗して企業価値が完全に失われ、株が紙くず同然になる確率はどうか。1000万円が30％、300万円が50％なら、残りは20％だ。もっとも0円に何％をかけても同じだから、いずれにしろここの期待値は0円となる。

この3とおりの期待値を足すと、300万円＋150万円＋0円＝450万円だ。つまり、成功・現状維持・失敗のケースを想定したトータルの期待値は、300万円の投資に対して450万円となる。

これが投資額の300万円を下回るようなら、やめておいたほうがいい。しかし1・5倍に増えることが見込めるのなら、投資の業界では「ゴー」になる。

これはかなり単純化した計算だが、投資をするときは、こうしてリスクを細分化し、その期待値を考えることが大事だ。

失敗しても人生が破綻することはない

ただし、仮に失敗して株が紙くずになったとしても、自分の人生や生活そのものが破綻するわけではない。会社の株主が法的に負うのは「有限責任」だからだ。

企業が倒産すると未払い金などの債務が残るが、株式会社や合同会社の場合、その支払い義務は無制限ではない。**支払い義務が生じるのは、自分が出資した範囲だけ。**

300万円で株を買ったなら、その300万円を失うだけで、それ以上の責任は問われないのだ。

たとえ買収したあとで巨額の簿外債務があることがわかったとしても、関係ない。その時点で会社をたためばよいだけの話である。ちなみに、M＆Aを知らない人ほど「簿外債務」という専門用語を使いたがるが、中小企業のM＆Aでは簿外債務が発生することのほうが稀だ。詳しくは、『サラリーマンは３００万円で小さな会社を買いなさい　会計編』を読んでほしい。

サラリーマン時代の貯金をはたいて買収したとしたら、それを失うのはたしかに痛い。でもその範囲で片づくなら、失敗しても人生が破綻することはない。「挫折」ではあるだろうが、やり直しはいくらでも利くレベルだ。

そこでひとつ気をつけなければいけないのは、「連帯保証」のことだ。

これまで日本では、中小企業が銀行から融資を受けるときには、社長が個人として連帯保証人となることが求められることが多かった。連帯保証人になると、会社が倒産した際、社長に無制限の返済義務が生じる。これでは、会社を買うリスクは飛躍的に高まってしまう。

しかしいまは、事情が変わった。国の要請によって「経営者保証に関するガイドライン」がつくられたからだ。日本商工会議所と全国銀行協会が作成したそのガイドラインでは、「法人と個人が明確に分離されている場合などに、**経営者の個人保証を求めない**」と明記している。

社長の個人保証が求められたのは、中小企業では、会社の財布と社長個人の財布の区別がついていないことが多かったからだ。

銀行が会社に融資をしたときに、社長の個人的な費用に使われたのに、会社にはお金がないから返済できないと言われたら、銀行としては困ってしまう。そこで、財布が同じである、社長個人にも責任を取ってもらおうという意味で、個人保証が存在していた。

よって、会社の株を買ってオーナーになった場合でも、会社の財布と自分の財布がちゃんと分けられているなら、個人保証をするいわれはない。だから、たとえ銀行が個人保証を求めてきたとしても、堂々と断ることができる。

それでも銀行が個人保証を求めるなら、ほかの銀行をあたればいい。いまの銀行は貸出先がなくて困っているから、借り換えを頼めば喜んで応じるところが多いはずだ。

もっとも、もし10行も20行も回って借り換えを受け入れてもらえなければ、その会社への投資は考え直したほうがいいかもしれない。そこまで銀行に警戒されているということは、事業性そのものに問題があるか、そのほかの問題を抱えている可能性が高いからだ。126万社が廃業をやむなく受け入れようとしているのに、目の前の1社にこだわる理由もないだろう。

いずれにしても、いまは**「無担保・無保証」で会社が買える時代**になりつつある。まだ個人保証を取る銀行が多いのも現実だが、昔とくらべて、そこで生じるリスクはきわめて低い。「サラリーマンから資本家へ」の転身を図りたい人には、頼もしい追い風が吹いている。

第6章
資本家の仕事3原則

社長業と株主業の根本的な違い

私が提唱する「資本家」とは、何をする人たちなのか、ここまでの話でイメージを持ってもらえたのではと思う。

この章では、ここまでの話と重なるところもあるが、資本家の仕事においてポイントとなる、3つの原則について話していきたい。

その前にあらためて理解してほしいのは、資本家はサラリーマンと大きく違うだけでなく、経営者でもない、ということだ。

前章では、買った会社のバリューアップを図る改革においては、大企業のサラリーマンとしての経験が生かせると述べた。それは会社のビジネスに直接関与する「経営者」としての仕事だ。これはいわば「社長業」であって、本来の資本家＝「株主業」の役割ではない。

小さな会社を買ってオーナーになれば、最初のうちは社長業もやらざるを得ない。

中小、とくに零細企業は、資本と経営が分離しておらず、売却前はオーナーが社長も務めているケースが大半だ。オーナーが代われば、社長もいなくなる。任せられる社長が見つかるまでは、オーナー自ら陣頭指揮を取る必要がある。

しかし、それをずっと続けていたのでは、資本家として生きていくことはできない。私がそれを痛感したのは、ロンドンで神戸ビーフの輸入販売業を手がけたときだった。

前述したとおり、私の役目は立ち上げ時のコンサルだったので、株式は保有せず、社長として事業に携わった。苦労して1年半ほどで軌道に乗せ、年商は2億円程度になった。しかし、それだけの売上があっても利益は数百万円だ。ベンチャー・キャピタル時代に体験した金融業の儲かり方とはずいぶん差がある。

正直、「これだけ汗水垂らして頑張ってもこんなものか」と思った。

もちろん、そうやって堅実に利益を出していく実業は尊いものだ。だが、自分はそれだけで人生を終えたくない。そういう実業をベースにしながら、もっと工夫すれば、同じ働き方で大きなリターンが得られるはずだ。そんなふうに考えた。

販路拡大やコストカットによって、利益はもっと増やせるだろう。しかし、何年かかけて何割か増益、というレベルだ。そのためには、「自分の時間」を切り売りしなくてはならず、「足し算」の報酬しか得られない。

しかし同じような利益を出す会社を10社持てば、利益はケタがひとつ上がって数千万円になる。そこが、社長業と資本家の根本的な違いだ。

資本家は、「自分の時間」を消費せずに、「ニワトリ」を何羽も持つ。だから「かけ算」で稼ぐことができる。

会社を買った当初は社長業をやったとしても、経営を任せられる人間を見つけたら、自分は現場を離れてパッシブ・インカムに変え、「次のニワトリ」を探しに行く。それが資本家の仕事だ。

その際の基本になるのが、「お金と人に動いてもらう」「バランスシートで儲ける」「ポートフォリオを組む」という3つの原則だ。

［1］お金と人に動いてもらう

仕組みがあれば、社長は誰でもいい

いくつものニワトリを抱える資本家は、社長のように会社内の業務状況に目配りして、いちいち指示を与えたりしている暇はない。だから自分が現場で動き回る社長とは違い、「お金と人に動いてもらう」ことが求められる。

そのために重要なのが、これまでにたびたび話してきた「仕組み化」、**誰がやっても同じ結果を出せるシステムづくり**だ。

個人商店のような会社では、みんな「社長がいなくなったら別の会社になったのと同じだ」などと思っている。しかしじつのところ、そんな会社はほとんどない。

前に高級寿司屋の話をしたが、蕎麦屋でも「この味はこの人の職人技でなければ出せない」と言われる店がよくある。

本当にそうだろうか？

実際に老舗の蕎麦屋を取材した出版社の知人から聞いた話だが、蕎麦屋の大将は、「毎日の天候を見て味を微妙に調整している」と言っているが、本当は、「毎日同じ味が出せないだけだ」と吐露していたと言っていた。

職人の技も実際にやってみれば、そんなに難しい話ではない。同じ人間がやっているのだから、きちんとしたマニュアルさえあれば、別の人間にもできないわけがない。

会社の事業は、蕎麦屋よりさらに属人性が低い。

中小企業の多くは、社長が情報や意思決定を独占しているから、他人には真似のできない「匠の技」のように見えるだけだ。

会社のキーマンと呼ばれる社員が退職しても、それほど大きな問題なく組織は回り、その存在すら忘れられてしまう──という経験は、サラリーマンなら誰でも一度は経験したことがあるだろう。そして、キーマンの退職すら記憶からなくなってしまうという経験もしたことがあるだろう。

社長もそれと大差はない。実際、私の投資先でも、社長がいなくなったからといって大きなトラブルが生じた例は、これまでにない。

業務を細分化して整理すれば、たいがいの仕事はマニュアル化できる。そうやって誰でも同じようにこなせるような仕組みをつくってしまえば、いちいち現場に指示を出す必要はない。

能力の高い人材はいらない

その仕組み化ができないから、業績を上げるためには「能力の高い人材が必要だ」

という発想になる。

たしかに、すべて任せておける超人的な人材がいれば、資本家はその会社にあまりコミットせず、ほかの「ニワトリ」を育てられるだろう。

しかし、たとえば1億円の売上をもたらしてくれるスーパー営業マンを雇うことができたとして、その人はいつまでも働いてくれるだろうか？　ライバル会社に引き抜かれるかもしれないし、病気で休職してしまうこともあるだろう。同じレベルの代わりが見つからなければ、事業が滞ってしまう。

それより、誰でも3000万円程度の売上を達成できる仕組みをつくって、**平均的な能力の営業マンを3人雇ったほうが、継続性がある。**再現性がある分、事業規模も拡大しやすい。

もちろん資本家自身も、個々の会社のマネジメントから離れられるので、自分の仕事を広げられる。

私自身は、これまでのところ投資ファンドを通じて7社に関わっている。仕組み化を徹底して「お金と人」に動いてもらえば、その数はもっと増やせるだろう。私の知り合いには、ひとりで200社を持っている資本家もいるぐらいだ。

［2］バランスシートで儲ける

損益計算書より貸借対照表

企業の財務諸表のうち、多くの中小企業の経営者が日頃からいちばん気にして見るのは、「損益計算書」だ。これには、1年間の売上高から費用を差し引いた数字が書かれている。これがプラスならその年は黒字、マイナスなら赤字。いま会社が儲かっているのかどうかを表すのが、損益計算書だ。

経営者なら、それを気にするのは当然だ。利益が前年より減っているなら、売上を増やしたり経費を減らしたりするなどの対策を講じなければいけない。

しかし企業にはもうひとつ、貸借対照表（バランスシート）という重要な財務諸表がある。こちらが表しているのは、その時点における会社の資産、負債、純資産の状況だ。

資本家は、企業価値を高めて配当収入やキャピタルゲインを得るのが仕事だ。そのためには、バランスシートを見て、会社の「資産価値」を考えなければいけない。

赤字になるとわかっていても出店する高級ブランド

実際、バランスシートに目をつけると、儲け方は大きく変わってくる。たとえば、アパレル業界にいる友人から、以前こんな話を聞いた。ヨーロッパのある高級ブランドのやり方だ。

そのブランドは、新しい店舗を立ち上げると、店に必要な敷地だけでなく、その周辺の土地もまとめて買っておくという。それから10年間の事業計画を見ると、どうやっても赤字にしかならない。損益計算書だけで「儲け」を考えたら、そんな出店は最初からやめておけ、という話になる。

でも、バランスシートで儲けを考えると、そうはならない。そこに高級ブランドの新店舗が登場したら、何が起こるか。それまでとくに注目されていなかった通りが、世の中で「お金持ちの集まる高級な街」と認識され、地価が上がる。東京で言えば表参道ができ上がるわけだ。

その結果、店舗の立っている敷地の値段が上がって資産価値が高まるのはもちろん、あらかじめ買っておいた周辺の土地も値上がりする。それを売却すればキャピタルゲインが得られるし、ビルを建ててテナント料を稼ぐこともできる。

その利益が見込めれば、店そのものはいくら赤字が続いてもかまわない。損益計算書だけを儲けの指標にしていたら顔が青くなる話だが、バランスシートで儲けようとしている資本家はそれで十分だ。これは、会社を売却する際のキャピタルゲインも同じだ。詳しくは『サラリーマンは300万円で小さな会社を買いなさい　会計編』で**「マルチプルの妙」**として説明しているが、会社の価値は、将来収益（利益の数年分など）が重要な指標となる。仮に売却価格目線が利益の5年分だとすると、損益計算書の利益を1000万円アップさせるだけで、会社売却価格は5000万円の上昇が見込まれる。

つまり、資本家の仕事は「所有する会社に利益を出させる」ことだけではなく、「所有する会社を使って利益を出す」ということだ。

会社の事業そのものの成否だけではなく、その事業の波及効果まで見通して、会社の資産価値を高め、売却のキャピタルゲインまで得ることができる。それが、社長業にはない資本家ならではの考え方だ。

[3] ポートフォリオを組む

卵をひとつのカゴだけに入れてはいけない

「ポートフォリオを組む」は、株式や不動産などの投資家がやっているリスク管理の方法と同じだ。

これについては「卵」と「カゴ」のたとえを聞いたことのある人も多いだろう。いくつもの卵をひとつのカゴに入れておくと、そのカゴを落としたときにすべての卵が割れてしまう。しかし、カゴをたくさん用意して卵をひとつずつ入れておけば、いずれかのカゴを落としても割れる卵はひとつだけ。ほかの卵を守ることができる、という話だ。

それと同じように、**持てる資金をひとつの投資先に集中するのはリスクが大きい**。いくつかの投資先に分散すれば、リスクヘッジになる。その分散の組み合わせのことを「ポートフォリオ」と呼ぶわけだ。

どんなに成功していても、ひとつの事業だけに依存した状態が危ういのは、会社の経営者にとっても同じだ。

わかりやすい例は、ミクシィだ。ＳＮＳとして一世を風靡したが、ツイッターやフェイスブック、ＬＩＮＥといった新しいＳＮＳが次々と登場したことで利用者が激減し、一時は死に体になってしまった。そんなときにゲームアプリ「モンスターストライク」が大ヒットして蘇ったものの、ひとつの商品に頼る「一本足打法」の危うさを業界全体が痛感したのではないだろうか？

自然災害は避けられない

私自身も、投資ファンドでは７つの会社を持つことでポートフォリオを組んでいる。つい最近、そのありがたさを実感する出来事があった。２０１８年９月の北海道胆振《いぶり》東部地震のときだ。

というのも、日本創生投資の投資先のひとつに、北海道の椎茸工場がある。夜中の３時に地震発生を知ったときは、「これはまずい」と激しく動揺した。震源地が、その工場に近い場所だったからだ。

もちろん従業員たちの安否も心配だが、投資家に対して責任を持つ立場としては、その事業の今後を気にしないわけにはいかない。その会社だけで、保有資産は約10億円だ。それが地震の影響ですべて吹っ飛んだらどうなるか――それも含めたさまざまな不安が頭の中でごっちゃになり、しばらく寝られなかった。

しかし落ち着いて考えてみると、仮にその投資先からのリターンがゼロになっても、ほかの6社からのリターンがあるかぎり、日本創生投資そのものが終わることはない。そう思うと少し不安が消え、北海道からの情報収集だけに集中することができた。

結果的には、工場が震源地からやや離れており、地盤もしっかりしていたので事業の継続には影響がなかった。

だが、自然災害のリスクはどうにも避けようがない。ポートフォリオによるリスク分散が重要であることは、前から頭ではわかっていた。だからこそ現実に7社に分散投資をしているわけだが、身をもってそれを実感させられた出来事だった。

（当然ながら、リスク分散さえできていれば、被害にあわれた方や投資先がどうでもいいという意味ではない。資本家としての心の落ち着け方を説明しているので、その点は誤解なきようにお願いしたい）。

リスク分散の観点からすれば、サラリーマンは、所属する会社に全面的に依存し、まったくポートフォリオを組めていない。その点でも、前にも述べたように副業を持って、収入の柱を複数化させることが求められる。

仕組み化したあとに必要なもの1――丸投げ力

「お金と人に動いてもらう」仕組み化は、3つの原則の中でもとくに肝心なことなので、もう少し説明を補っておきたい。

誰がやっても同じクオリティの結果が出る仕組みができても、その現場から離れて「次」に行けない人がいる。仕組みどおりに進むかどうかが気になってしまい、自分でチェックせずにいられないのだ。

どこの会社にも、部下に任せた仕事が心配で、いちいち口を出す上司はいるだろう。こういうタイプの人は、資本家には向かない。

実際にお金と人に動いてもらうためには、システムだけでなく、**人に任せられるメ**

ンタリティがいる。

よほどのトラブルが発生しないかぎり、自分は現場に出ていかない。いや、できることならトラブルが起きても現場に任せる。「丸投げ力」が必要なのだ。

たいがいのことは人任せにできる人でも、自分が買った会社となると放ってはおけない。そう思うのは、ある意味当然だ。誰でも不安にはなる。私もそうだ。でも、これればかりは覚悟を決めて、我慢するしかない。

丸投げしたら、当然、ミスやトラブルが発生することもある。それでも、致命的な大損害を被らないかぎり、あまり深く介入しないほうがいい。

常に自分が能動的に動いていると、受動的収入のパッシブ・インカムに変えることはできない。世の中に完璧など存在しないのだから、完璧を求めていたらいつまで経っても、「次」に行けない。

仕組み化したあとに必要なもの２――60点で「OK」とする

だから、「丸投げ」すると決めたら、任せた相手に１００点満点を期待しないことだ。

90点や80点でもハードルが高い。「60点取ってくればOK」ぐらいに考えなければ、丸投げはできない。

堀江貴文さんは、その点でも徹底している。

私の本を原作にして、『まんがでわかる　絶対成功！ホリエモン式飲食店経営　〜「サラリーマンは３００万円で小さな会社を買いなさい」外伝〜』（講談社）という漫画をつくった。監修を堀江さんがしてくれたのだが、制作過程で原稿チェックなどをするときに、まったくダメ出しをしない。確認だけして「OK」で終わりだ。

監修者として名前が出るとなれば、細かくチェックして修正意見をたくさんつける人も多いだろう。でも堀江さんは、最初から100点満点を目指していないのだと思う。だから、深刻な間違いでもないかぎり、60点ぐらいの出来なら「OK」とする。資本家としても、きっとそんなふうに達観しながら「丸投げ」をしているのだ。

資本家の仕事は「かけ算」だと、これまでにも述べてきた。

100点満点の会社をつくろうとしたら、丸投げはできず、多大な時間や労力がかかる。1社か2社しかコミットできないだろう。実現できたとしても、2社だったら、合計200点だ。

しかし60点で良しとするなら、仕組み化して丸投げできるから、何社にもコミットできる。90点のものを100点に引き上げるより、30点や40点のものを60点にするほうが、必要なパワーは圧倒的に少ない。そのレベルで満足する投資先が4社あれば、60点×4社=240点。それだけで200点を超えるわけだ。

60点で満足するためには、**小さな失敗を失敗と思ってはいけない**。

ミスやトラブルが起きても、「次の成功につながるよね」ぐらいに受け止める。いくらか損失が出ても、お金で解決できることはお金で解決して前に進む。むしろ、次への学びにつながって良かったと思うくらいのメンタリティが必要だ。

私自身、投資先で思わぬトラブルがないわけではない。先ほど紹介した北海道の椎茸工場では、人為的なミスにより配管が断裂したせいで灯油が2トンも流出し、1000万円以上の補償が生まれる事故もあった。

それなりに大きな金額の損失だが、起きてしまったことを責めても仕方がない。やるべきは、次に同じことが起きないような仕組みづくりだ。

だから事故の原因を突き止めた上で、再発防止のアイデアを考えてもらった。仕組みがバージョンアップするのに加えて、そういうプロセスを経ることで組織のチーム力も上がる。まさに学びにつながる失敗だった。

仕組み化したあとに必要なもの3——オープンな情報共有

仕組みをうまく回す上でもうひとつ重要なのが、組織内での情報共有だ。

先ほどのようなトラブルの善後策をみんなで考えるときなど、オープンな場で話し合いを進め、議論の経過も含めて共有しないと、スムーズにことが運ばない。あとになって「それは聞いていない」という人間が出てくると2度手間、3度手間になり、時間も無駄になる。

その点、いまはLINEにしろフェイスブックのメッセンジャーにしろ、いつでもどこでもグループで議論を共有できるので効率がいい。

いちいち会議を開いて議事録を作成して回覧して……などとやっていると、それが面倒になってしまい、どうしても一部の人間で話を進めてしまいがちだ。それをやり始めると、結局は「おれは聞いていない」という話になり、会議を開くのと同じかそれ以上の手間がかかってしまう。

ただ、SNSのグループで情報共有をしようとしても、そこから外れた行動を取る人は必ずいる。

たとえば、グループで話し合っているときに、その裏で個人アカウントに直接メッセージを送ってくるような人だ。みんなの前で意見を言うのが恥ずかしいのか、根回ししておきたいのかわからないが、あれは本当に理解できない。他人の時間を奪う無駄な行動だ。

そういう人は仕方ないとして、仕組み化したあと、オープンなかたちで情報共有をしていると、資本家はますます「丸投げ力」が上がってくる。

私の場合、おもに使用しているのはフェイスブックのメッセンジャーだ。投資先の会社とも、自分の日本創生投資のメンバーとも、そのやりとりをするだけで、事業の進捗状況がわかり、大半の用件は片づく。

だから最近は、打ち合わせで顔を合わせることがほとんどなくなった。日本創生投資のメンバーでさえ、1週間ぐらい会わないことがめずらしくない。

順調に回っている投資先にはまったく行かず、文字どおりの「丸投げ」状態。売上4億円、営業利益が1億円以上が出ている投資先に対して、私が使っている「自分の時間」は、1日2、3通の稟議決裁メールに返信する10秒ほどだけだ。

「自分の時間」を年間計算で1時間使って、1億円の営業利益。このような「株主業」であれば、サラリーマンをしながらでもできるとは思わないだろうか？

もちろん、テコ入れが必要な投資先にはときどき顔を出すが、それも週1回程度のことだ。

日本創生投資は、事務を除いて、私のほかにスタッフが2人いるだけの小さな会社だ。その仕事も、できるだけ自分では抱えないようにしている。

私がやっている投資ファンドだから、外部からの連絡はほとんど三戸宛に来る。だが、いちいち延々とメールをやりとりしていたのではキリがない。最初に受け取ったあとは、「こちらが担当ですので」と伝えて、スタッフに任せるのが常だ。

いちばん重要な業務は新規の投資案件を見つけることだが、それさえも途中から丸投げ。案件を持っている仲介会社やファイナンシャル・アドバイザーのところに1回か2回は一緒に行って話をするが、そこから先はスタッフに任せている。

だから、私よりもそのスタッフのほうが仕事量は圧倒的に多い。傍から見れば、部下に何でもかんでも仕事を押しつけて自分はブラブラしているダメ上司のように思われるだろう。

でも、日頃からお互いの考えていることを伝え合い、問題が生じたらすぐ解決している。スタッフ一人一人の自主性を重んじてマネジメントしているから、楽しく働いてもらっていると思う。

私たちの仕事は、ひとつの交渉で数億円が動くビジネスだ。たった一言がきっかけで投資先を売却することができなかった、ということもあり得る世界。そんなセンシティブな交渉となれば、トップ自らが交渉にあたらないといけないと思うのが、自然な考え方だろう。

だが、そればかりやっていると、部下は育たない。強烈な失敗の体験は、ミスが再発しない仕組みづくりにもつながる。

また、資本家マインドセット的には、「自分の時間」に余白をつくり、次なる一手を生み出していかなければいけない。自分が手を動かしていたら、永遠に「かけ算」の人生は歩めない。

そして、動いてくれる人には成功報酬も十分に払うのが私のポリシーだ。そこでケチるような人間は、資本家には向いていない。「お金と人に動いてもらう」とは、そういうことだ。

第7章

資本家マインドセット10カ条

本書を読んでいる人の多くは、企業に勤めるサラリーマンだろう。「好きなことを、好きな人と、好きなように」できるのが資本家だとわかっても、自分で会社を買うことまでは、なかなか踏み切れないかもしれない。

そうであっても、本書のテーマである資本家マインドセットは、ビジネスマンがこれからの時代を自由に楽しく生きていくためには、必ず役に立つ考え方だ。

思考が変われば行動が変わる、という言葉がある。**「資本家だったら、こんなときどう考えるだろう」**という問題意識を持つだけでも、仕事のパフォーマンスは大きく変わってくる。

また逆に、**仕事や日々の生活のスタイルを資本家的に変える**、すなわち行動を変えることで、「将来のことは不安だけれど、現状を変えるほうがもっと不安」という閉塞した気持ちから解放され、新しい世界が見えてくるはずだ。

そこで最終章では、日々の生活の中で私自身が大事にしていること、サラリーマン、とくに若い人たちにぜひやってほしいことを、行動のヒントとして紹介し、本書を終えたいと思う。

[1]

「自分の時間」だけで生きる

ひたすら無駄な時間を排除して効率化を図ることは、資本家の生命線だ。お金は増やすことができるが、時間は1日24時間、1年365日と決まっている。これればかりは増やすことができない。

時間は、この世でいちばん有限な資源だ。

その制約から自由になればなるほど、資本家の稼ぎは大きくなる。資本家はIRR（内部収益率）をもっとも意識しなければいけない。詳細は『サラリーマンは300万円で小さな会社を買いなさい　会計編』に譲るが、端的に言うと、今日の100万円と、明日の100万円では、価値が違うということだ。時間は、利息を生むからだ。同じリターンを見込める投資対象があれば、1秒でも早くリターンを回収できる投資対象を選択しなければいけない。早く回収できれば、次なる対象に投資でき、資産価値を指数関数的に増加させることができるからだ。「時給いくら」で稼ぐサラリーマンとはその点が違う。

無駄な時間をなくすとは、別の言い方をすれば、「他人の時間」を生きるのをやめ、「自分の時間」だけで生きられるようにするということだ。

私は日々の生活で常に「この無駄をなくせないか？」と考えている。

たとえばコンビニなどのレジで「ポイントカードはお持ちですか？」「いや、持ってません」「失礼いたしました」という1往復半の会話を強いられるのもイヤだ。まさに「他人の時間」を生かされている感覚がする。当然ながら私は**ポイントカードの類は持っていない**。何枚もカードを携帯して、ことあるごとに提出する作業自体が無駄だと思うからだ。

実際に私のまわりの資本家で、ポイントカードを差し出す人など存在しない。お金を持っているからポイントを集めないのではない。ポイントカードに加入し、日々携帯し、毎回、差し出さなければいけないという無駄な作業に「自分の時間」を取られたくないからだ。

そんなことに時間を奪われるのであれば、ポイントで得られる以上の収益を生み出すことに力を配分したいと発想するのが、資本家マインドセットだ。

スマートフォンのメールに「未読」を何百件も溜めている人がいるが、これも理解しがたい。

おそらく大半は各種の案内・宣伝やメルマガなどだろう。そういったメールが溜まっていたら、見るべきメールを探すのに延々と画面をスクロールしなければいけない。

その時間が無駄だ。

もちろん、そういったメールを削除する時間ももったいない。ほんの0・1秒の作業だとしても、塵も積もれば山となる。

だから、読まないメルマガは配信停止にしたり、メーラーの振り分け機能を使ったりして、本来必要なメールに不要なメールが混ざらないように、絶えず設定している。

単に私が性格的に短気なだけだと思われるかもしれないが、時間の無駄というものをとにかく嫌うのは、多くの資本家に共通する特徴だ。

たとえば堀江貴文さんは、最近開発されたばかりの「一瞬で歯が磨ける電動歯ブラシ」を使いたいと言っていた。その気持ちは私もよくわかる。毎朝・毎晩の歯を磨く時間。あの時間で、いったいメールの返信を何通書けるだろう？

また、堀江さんもそうだし、アップルのスティーブ・ジョブズやフェイスブックのマーク・ザッカーバーグもそうだが、いつも同じような服を着ている資本家は多い。これは、毎日「今日は何を着ようか」と考える時間が無駄だと考えているからだろう。

私も、できるだけ時間をかけずに選べる服ばかりにしている。

[2]

始動前のアイドリングをなくす

仕事そのものを効率化するのは当然だが、仕事にかかる前の「アイドリング」をなくすことも大事だ。

たとえば私は**ほとんどの仕事をアイフォンで処理している**。ノートパソコンよりもアイドリングの時間が圧倒的に短くて済むからだ。

新幹線で仕事をするときなど、テーブルを開き、鞄からパソコンを出し、電源をつないでスイッチを入れて起動を待つ……という段取りを想像しただけで面倒臭くなり、やる気がそがれる。その点アイフォンは、「やろう」と思った瞬間に、作業に着手することができる。

「アイフォンだけでは無理でしょ」と思う人もいるだろう。でも、その気になればかなりのところまでできる。無理だと思うのは、ほかの道具も併用すればいいと考えているからだ。「これしかない」と決めてしまえば何とかなる。

もちろん私の場合も「全部」とはいかず、本の原稿などはさすがにパソコンで書く。だが、短い雑誌原稿ぐらいならアイフォンで書けるようになり、99％の仕事はアイフォンでこなせている。

こうやって無駄なアイドリングをなくすと、仕事はどんどん早くなる。

私は、メールやメッセンジャーなどの返信が「異様に早い」と言われる。これも**メールを読んだ瞬間に返信したほうが、時間の無駄を減らせる**からだ。しばらく放置してから返信を書こうとすると、まず該当メールを探さなければいけない。さらに前に一度読んでいる文面を読み直さなくてはいけない。このアイドリングが無駄だ。

内容をよく検討してから返信したいので時間がかかる、という人もいるだろう。たしかに、受信してすぐに返信を書くと、１００％の回答にならないこともある。

しかし、たとえ80％の内容でも、すぐに返信したほうが間違いなく効率的だ。こちらの返した情報に不足があれば、相手からもすぐに再返信が来るだろう。それに答えれば、すぐに１００％の中身になる。

目の前にあるタスクはエンジンがかかっているうちにさっさと片づけて、「次」に向かって走り出したほうがいい。

そもそも、「あのメールに返信しなければいけない」というタスクを覚えておくこと自体が無駄だ。

買ったばかりのパソコンと、しばらく使ったパソコンとでは、後者のほうが動きが遅い。使っていくことで無駄なメモリーが増えてくるからだ。モノでも情報でも、**何かを抱え込むことは、それ自体がコスト**だ。そこから自由にならなければ、自分の時間を増やすことはできない。

資本家ではないが、パラリンピックで金メダルを取った成田緑夢《ぐりむ》さんと同じホテルに泊まったことがある。その際、彼は、部屋番号をスマホのボイスレコーダーに録音していた。記憶のアウトソーシングだ。

彼は何ごとも突き詰めて考えるタイプの人で、集中力を高めるために、無駄なことを徹底的に排除していると言っていた。それゆえにトップアスリートとして君臨することができるのだろう。

[3]

スケジュールを「他人の時間」で埋めない

日頃から「忙しい、忙しい」とボヤいている人たちほど、「他人の時間」を生きている。何カ月も先までぎっしり詰まっているスケジュールは、ほとんどが他人の都合で決まったものではないだろうか？

最初の本を出してから、講演会やセミナーなどの依頼もいただくようになったが、2カ月以上先のものは、お断りすることも多い。2カ月後の予定を「この日は空いていますか？」と聞かれるだけでも、何か自分が束縛されるような気がしてくる。

たとえ空いていても、その日に自分が何をやりたくなるかは、わからない。

仕事であれ遊びであれ、自分が「これだ」と思うイベントなどがあったら、いつでも行けるようにしておきたいので、他人の都合で埋めたくない。それが「自分の時間」を生きるということだ。

たえず「この時間が無駄だ、あの時間も無駄だ」とうるさく言っているので、さぞ忙しく過ごしているのだろうと思われがちだが、その逆だ。

私はまったく忙しくない。ほとんどの仕事を仕組み化して丸投げしているので、本業に費やしているのは、せいぜい週に10時間ぐらいだろう。

ただし、私にも貧乏性なところはあるので、「こんなに仕事をしないで、いいんだそろうか」と心配になることもある。

だが、たとえば孫正義さんが、私のやっている日本創生投資を手がけていたら、そこにどれだけの時間を使うだろうか？

10兆円のお金を動かしている大資本家から見れば、私の投資ファンドなど小さな小さな「ニワトリ」にすぎない。たぶん、週に5分も使えば多いほうだろう。数秒で片づける週もあるかもしれない。

そう考えたら、いまの仕事に週10時間も使っている私は「まだまだ」だ。資本家として成功しているなどとは、とても言えない。もっと仕事の仕組み化を進めて、効率を高めなければいけないと思っている。

[4]

そのスーツとネクタイは本当に必要か？

最近はかなりカジュアルになってきたが、それでもサラリーマンの服装と言えば、圧倒的にスーツが多い。

だが、自分はなぜスーツを着て会社に行くのかを考えたことがあるだろうか？

「相手に失礼がないように」「着ないと信用してもらえないから」「わが社はみんな着ているから」……。

もしスーツを着ていないと取引先で相手にしてもらえないなら、その仕事は自分が評価されて頼まれた仕事ではないのだろう。スーツさえ着ていれば、誰でもいい。いくらでも交換可能な「兵隊」なのだ。

スーツで信用している取引先の人間は、相手の名前さえ覚えていない可能性がある。実際、取引先の担当者から「○○社さん」などと社名で呼ばれているサラリーマンもいるだろう。

ちなみに、スーツを着れば、たいがいネクタイも締める。

欧米では上司が部下にネクタイをプレゼントすることが多いと聞く。プレゼントとして無難だし、もらったほうもありがたい。そう思うかもしれない。しかしじつは、その裏には深い意味があるらしい。

ネクタイは一種の「首輪」であって、そこには「私がおまえを守ってやるから、従順な部下でいなさい」という含意があると言われているのだ。だとすれば、ネクタイは上司に対する隷属の証ということになる。

もちろん、スーツにしてもネクタイにしても、「好きだから」着るなら、何の問題もない。どちらも立派なファッションだ。趣味の良い生地を使った仕立ての良いスーツを着こなしている人は、どんな職業であっても格好いい。

ところが日本では、好きでスーツを着ているように見えるサラリーマンがほとんどいない。ぶら下がりの量産スーツをヨレヨレの状態で着ているのを見ると、みんな、仕方なくイヤイヤ着ているのだろうなと思う。

本来ファッションは、他人と違う個性を表現するものだ。だが、日本のサラリーマンのスーツ姿からは、「みんなと横並びで生きていたい」「そうやって従順な歯車でいれば会社が生活を守ってくれる」という声が聞こえてくる。

今後、歯車的な仕事はＡＩに取って代わられる。会社に必要なのは何か新しい価値をもたらしてくれる人材だ。

会社の名前でしか呼ばれないようなサラリーマンは、もはや生き残れない。活躍できるのは、自分の名前で仕事のオファーや注文が来るような人材だ。

その人にしか打ち出せない価値や仕事があるなら、スーツやネクタイを着用していようがいまいが関係なく、取引先から求められるだろう。

スーツを脱いで**Tシャツ&ジーパン姿になっても仕事ができる人間になれるか**どうか？

これからはそれが問われる時代だ。

［ 5 ］

その名刺は本当に必要か？

取引先などから名刺をもらって、会社名と肩書きだけ覚えて、その人の名前は忘れてしまうことはないだろうか?

サラリーマンの名刺は、本人の名前よりも、その人が所属する団体や組織と、そこにおける肩書きなどを説明するためのツールになっている。

でも、私と仕事でつながる人たちが、「三戸」という名前を忘れて、「あの日本創生投資の社長さん、何だっけ……」などと言うことは、まずない。私と会う前に「日本創生投資」という社名を知っている人は皆無だからだ。

みんな、まず三戸政和という私の存在を知り、次に、その三戸がプライベート・エクイティ・ファンドという事業を行っていることを知り、最後に日本創生投資という社名を知る。社名を知っても、日本創生投資という会社がどれくらいの規模の会社かは知らないので、社長という肩書きも、何の足しにもならない。

これは私にかぎった話ではない。SOHOやスタートアップベンチャーの経営者、あるいはフリーランスの人たちも同じだ。みんな、**社名も肩書きも関係なく個人の名前で認識され、個人で成果を出している**。

だから、所属する組織の名前を忘れられることも少なくない。私などしょっちゅう、

「三戸さんの会社、何て言うんでしたっけ？」と聞かれている。私という人間さえ認識してもらえれば、組織名なんて、どうでもいい情報なのだ。

サラリーマン時代の予定表には、訪問先の「会社名」と「担当者名」をセットで表記していたが、サラリーマンを辞めたあとの予定表には「会社名」を書くことがなくなった。「三戸」という個人の看板で仕事を始めたら、一緒に仕事をする相手も、個人を評価して仕事をお願いするようになった。だから「会社名」は関係なくなったのだ。

もちろん私も名刺を持っているし、そこには会社名や役職も書いてある。求められれば名刺交換もする。だが、もらった名刺は基本的に保管しない。いまは、連絡を取るために名刺を引っ張り出す必要がないからだ。

誰かとつながりたければ、フェイスブックやツイッターで探せば見つかる人は大勢いる。そもそも最近は、会って名刺交換する前に、ＳＮＳでつながっていることのほうが多い。

いったんつながれば、その後の連絡はメッセンジャーやメールなどで取れる。いまどき、名刺に書かれた会社の固定電話にかけて呼び出してもらう人はあまりいないだろう。携帯電話の番号を知らなくても、SNSでつながっていればそこから無料通話ができる。

もらった名刺を処分してしまい、SNSでも見つからず、共通の知人もおらず、どうしても連絡先がわからないようなら、これも60点ルールで、その人とは縁がなかったと思って諦めるぐらいでちょうどいいのではないだろうか。

資本家は人の名前を記憶していない人が圧倒的に多い。記憶できないのではなく、60点ルールを超えない人の名前までメモリに入れておくと、脳の動きが遅くなってしまうから、無意識にメモリ消去しているのだ。

[6]

いつまで「定時出社」を続けるのか？

サラリーマン時代は、私も定時出社をしていた。いや、正確に言うと定時出社ではない。定時は9時だったが、なぜか会社の慣習で1時間早い8時に毎朝出勤していた。そのためには6時半に起きなければいけない。それから歯を磨いたり身支度をしたりしてから家を出て、混んだ電車に揺られていく。

会社に着いたら前日の残務を片づけたり、メールの返信を書いたり。9時を過ぎると新たなメールや電話に対応し、午前11時のアポイントメントに合わせて10時半ぐらいに会社を出る。

その時点で起床から4時間ほど経っているが、机の上で必要になるような正味の仕事時間は1時間程度だ。世のサラリーマンも、だいたいそんな感じではないだろうか。

それに対して、いまの私はとくに早い時間の用事がなければ9時ごろまでに起床。身支度などせず、ときにはベッドから出もせずに、1時間ぐらいでメールの返信を片づける。そんなこともあるから、電話でのコミュニケーションは一切なくしている。

それだけで、午前中のアウトプットはサラリーマン時代と変わらない。かつて起床から4時間かかっていたことを、1時間に短縮していることになる。生産効率は4倍だ。

そう考えると、ビジネスマンにとって、出社は本当に必要なのだろうか？

もちろん、まったく会社のオフィスに行かずに仕事が成立するとは思わない。社内で顔を合わせて打ち合わせすべき案件もあるだろう。でも、メンバー全員が毎朝同じ時間に出社することに、いったい何の意味があるのだろうか？

私にはそこに合理性があるとは思えない。

ところが、サラリーマン思考の人はそこに疑問を抱かない。定時に出社することそれ自体が仕事だと思っているから、台風が来ようが大雪が降ろうが、何とかして会社に行こうとする。

このような働き方を続けてこられたのは、効率が良かろうが悪かろうが、毎日ちゃんと会社に行きさえすれば同じ給料がもらえる身分だったからだ。

だが、そのようなサラリーマン制度を長く続けてきたから、日本の企業社会は世界の中でも驚くほど生産性の低いものになってしまった。

就業時間は就業規則で決められたことだから、自分だけ定時出社をしないというのは難しいだろう。だが、それによって、**自分の仕事がいかに効率の悪いものとなり「自分の時間」が奪われているか**は、自覚すべきだ。

また、そのような働き方を社員に強いる会社が、今後、グローバル競争で生き残っていけるとは思えない。

いまの境遇を当たり前のことと思考停止させて、そのまま何も変えずにいることが、サラリーマンにとっては最大のリスクだ。

[7]

インパクトの大きいお金の使い方をする

時間はとことんケチっても、お金はケチケチせずに使うのが資本家だ。

効率化を追求して得た「自分の時間」を意味のあるものにするには、お金をうまく使う必要がある。

では、お金をうまく使うとはどういうことか？

それは、お金の生むインパクトが最大化されるように使うことだ。有限の資源から最大の価値を生み出すという意味では、時間の使い方もお金の使い方も同じだ。

たとえば私が「下手だなぁ」と思うのは、こんなお金の使い方だ。

食事会や飲み会で支払いをするとき、「中途半端な割り勘」を提案する人がどこにでもいる。きちんと割り勘にするとひとり7000円のところを、「じゃあ、悪いけどみんな5000円ずつちょうだい。あとはおれが出すから」――というやつだ。

本人は自分だけ多く払うので喜んでもらえると思うのだろうが、ちょっとだけ安くしてもらったほうは、少しもご馳走になった気がしない。つまり、せっかくお金を使っているのに、そのインパクトが小さいのだ。

そういうセコい人間は、資本家にはなれない。ご馳走するならするで、中途半端なことはせずに「ここは自分が持つ」と全部出すのが、資本家的なお金の使い方だ。

私自身、仕事以外の場面でも、お金を使うときは**「どうやったらいちばんオモロイかな、効果的かな」**と考える。少し打算的かもしれないが、たとえば、こんなことがあった。

本を出したとき、堀江貴文さんに帯の推薦文を書いてもらったので、何かのかたちでお礼がしたい。でも、堀江さんにいくらか謝礼を払ったところで、少しも喜ばれないだろう。中途半端な割り勘なんかより、さらにインパクトが小さい。

現金を払うより食事会でもしたほうが喜ばれるとも思ったが、それでも大して面白くはない。本が出ようが出まいが、そんなことはいつでもできる。

いろいろ考えた末に、私はツイッターで「本の印税が入ったら、堀江さんが共同経営する『WAGYUMAFIA』というレストランで還元パーティをやります」と宣言した。堀江さんもそれをリツイートしてくれたので、そうなると、これはもはやひとつのイベントだ。

招待客は、堀江さんも含めて30人。払った費用は150万円。これはインパクト大だろう。「三戸の印税還元祭り」として、参加した人たちの記憶にずっと残るはずだ。

30人それぞれに5万円ご馳走しても、そんな食事のことはみんなすぐに忘れてしまう。しかし「WAGYUMAFIAで150万円パーティ」の破壊力は抜群だ。

堀江さんが面白いと感じてリツイートしてくれれば、300万人を超えるホリエモンのフォロワーに告知ができる。印税の金額は本の販売数によって決まるので、ある意味、成功報酬の分配とも言える。

もうひとつ、自分のお金の使い方を紹介してみよう。

私は車を持っていない。以前は持っていたが、いまはすべての持ち物を減らし、できるだけ身軽でいたいので、処分してしまった。移動はもっぱらタクシーだ。

最近は、ゴルフ場に行くのに、ハイヤーを使っている。1回あたり往復6万円ほどで、月に2~3回行けば、20万円弱かかる。なんでそんな無駄遣いをと思われるかもしれない。

しかし、それなりに見栄えのする車を買えば、駐車場代やガソリン代、保険や車検代なども含めると、月25万円ではおさまらない。また、レクサスが始めた定額制のレンタカーは月額19万円。それらと大差ない金額だ。

しかも、ハイヤーはある意味で「完全自動運転」だ。途中下車してもゴルフバッグを家まで運んでおいてくれる。移動中にスマホで仕事をしていれば、その時間は車がそのままオフィスとなる。私は、移動時間でメールの処理や原稿を書いていたりするから、これが6万円以上の仕事であれば、損益はゼロとも考えられる。

また、ゴルフ仲間に「三戸がハイヤーで来た」と驚かれることも、お金の使い方としては面白い。つまり、インパクトが大きい。

自分の中では、ポルシェやフェラーリなどの高級車でゴルフ場に乗りつけるより、ハイヤーで登場したほうがみんなの印象に残ると思っている。「150万円の和牛パーティ」と同じだ。

これと同じ発想で、パーティや講演会で、スーツではなく着物を着ることもある。**人の印象に残る**ということは、ビジネスをしていく上では重要な要素だ。何か仕事をお願いしようと考えたときに、**最初に思い出してもらえる人**になっておけば、仕事を手に入れる確度が上がる。

つまらない話と思われるかもしれないが、こんなふうにして、日頃から、お金を使うときにもその効果を最大にしようとして行動することが、資本家として効率的にお金を稼ぐことにつながるのではないだろうか？

[8]

好きなこと・やりたいことを仕事にする

講演会やセミナーなどで話をすると、よく「いままででいちばんの失敗は何ですか」という質問を受ける。でも、すぐには答えが出てこない。

もちろん、何もかもうまくいった人生ではなかった。県会議員を辞めて出馬した市長選挙で落選したのは、世間から見れば大失敗だろう。そのあとで手がけたロンドンでの神戸ビーフ輸入業も、ビジネスとしてうまくいったとはいえ、思ったほどの儲けは出なかったので、ちょっとした徒労感はある。

ほかにも、小さな躓きはいろいろあった。しかし、どれも「あれはあれで面白かった」と思える。

自分で「やる」と決めてやったことだから、結果があまり良くなくても、それなりの納得感や達成感はある。少なくとも、後悔することはない。

ただ、前にも述べたが、いまから振り返ってひとつだけ「あれは中途半端だったな」と思うのは、大学卒業後にトライした公認会計士試験の勉強だ。

とりあえず資格を取って世間的なステイタスを身につけ、安定した収入を得ながら自分のやりたいことを探そうと思ったわけだが、ダメだった。

勉強をしていても、会計士の仕事を面白いと思えず、まったくハートが動かなかった。途中で挫折したのも無理はない。そういう生き方は、自分には向いていなかったのだ。

先日、就職活動をしている人からこんな相談を受けた。

「こういう会社を受けるときは、どんな志望動機を書いたらいいでしょうか」

正直、ビックリした。自分の志望動機を他人に聞くとは、その会社に本当に入りたいわけではないということだ。

他人に相談して優等生の志望動機を書き、入りたくもない会社に入っても、本人も面白くないし、会社の側も迷惑だろう。

でも一方で、サラリーマンの世界はそんなものなのだろうとも思う。たとえば同じ銀行を狙うとして、三菱ＵＦＪと三井住友とみずほで、それぞれどんな志望動機を書けばいいのか？　採用するほうだって、どうしても他社ではなく自社でなければいけない志望動機など、滅多にないとわかっているだろう。

結局、受ける側は上辺を取り繕ってもっともらしい志望動機を書き、採用する側もそういう取り繕いがうまくできる人材を求めている。そうやって入社した人間が、やがて面接をする立場になり、また自分と同じスキルを持った人材を採用する。日本のサラリーマン社会は、そうやって回ってきた。

その結果、日本のサラリーマンは絶滅の危機を迎えている。

働く環境が激変する時代を生き抜くには、自分の中から志望動機があふれ出てくるような仕事をすべきだ。

私は県会議員に立候補する前、民主党にレポートを提出した。あのときは本気で政治家になりたかったので、まるで泉が湧き出るように頭の中から言葉があふれ出て、A4で5枚ぐらいの文章を一気に書き上げた。

そういう「熱」があったから、その後の市長選で惨敗しても、政治家をやったことは自分の中では「失敗」としてカウントされていない。「面白かった」と思えるし、その経験はいまの仕事にもいろいろなかたちで生きている。

資本家もそうだが、仕事は心が折れたら失敗だ。心さえ折れなければ、成功するまで続けることができる。

そして、**心が折れないように支えてくれるのは、「自分はこれが好きだ」「自分はこれがやりたい」という熱意や信念**しかない。

[9]

「遊び偏差値リスト」をつくる

私にとって、資本家とは探検家みたいなものだ。

自分が面白いと思う場所に分け入り、そこで仕組みをつくったら他人にパスして、また次の面白い場所を見つけて入っていく。

多くの人が共感する面白い場所（価値のあること）には、人々が集う。必然的にそこにお金が落ちてくる。

これをやり続けるには、**日頃から好奇心を駆り立てて、自分らしい「面白さ」を追求しなければいけない。**

だから私は、仕事も遊びも区別なく、自分の興味や関心が向くことには、時間もお金もパワーも躊躇なく使う。何が自分にとって面白いかは、やってみないとわからない。自分が何を面白いと思うのかきちんと知るために、私は「遊び偏差値リスト」を自分でつくっている。これまでやってきた遊びに偏差値をつけて、ランキング化したものだ。

ちなみに現時点での1位は「キャンピングカーで秘湯を巡る」。偏差値75で、大学入試で言えば東大医学部レベルとして設定している。

これは本当に面白かった。東北の秘湯巡りをしたのだが、正月だったので、温泉旅

私の遊び偏差値リスト

選定基準　2つの予定が被った場合に優先するほうを上位にあげる（希少性は極力省く）

75　キャンピングカー秘湯巡り
74　スカイダイビング
73　沢登り
72　カート
72　ロケット応援
71　クジラと遊泳
71　お笑い鑑賞
70　おもろ話探し
70　バックパッカー
70　ファーストトラック滑り
70　写真焼き
69　焚き火
69　トライアスロン（オリンピック）
68　プールサイドでビール
67　司会／演説／講演
67　旅猿を見る
66　勝手にコンサルティング
66　スキューバ
66　ヒッチハイク
65　ＢＢＱ（和牛フィレ塊焼き）
64　温泉掘り
62　温泉付きカプセルホテル宿泊
62　抜け道探し
61　ゴルフ
61　ナンパ
60　スキー
60　二度寝
59　スノボ
59　旨いもの巡り
59　歴史巡り
58　カジキ釣り（釣れたことないけど）
58　ＢＢＱ（黒毛和牛以外の食材）
57　カラオケ
57　人狼ゲーム
57　ブラタモリを見る
56　筑波8耐自転車レース
56　草バスケ
56　写真撮影
55　動画編集
55　タイ古式マッサージ
55　草野球
54　麻雀
54　サーフィン
54　将棋
53　ウェイクボード
52　料理
51　トライアスロン（ironman）
50　釣り
50　ビリヤード
50　バドミントン
50　アカスリ
49　オセロ
48　ボーリング
48　卓球
…
…
36　フルマラソン

⊙積み残しタスク
溶岩湖に下りる
モンゴル平原を馬で激走
飛行機を運転する
オーローラを360度カメラで撮る
バルーンサファリ
グルメフェスティバル開催

館ならバカ高い料金になっただろう。でもキャンピングカーなら、宿泊代はタダ。しかも山奥の秘湯に入ったら、ふつうはまた宿まで戻らなければいけないけれど、キャンピングカーだからそのままそこに泊まることができる。拠点にしばられることがないから、行動範囲もものすごく広がる。

2位は「スカイダイビング」(偏差値74)だ。秘湯巡りとスカイダイビングなら、スカイダイビングをやりたいと思う人のほうが多いかもしれない。自分でも、秘湯巡りが1位に来たのは意外だった。

それ以外にも、「スノボ」より「二度寝」のほうが偏差値が高かったり、「ゴルフ」と「ナンパ」がわりといい勝負だったりするのを見ると、「自分はこういう人間なのか」という再発見がある。

どうでもいい趣味の話をしていると思われるかもしれないが、そうやって自分自身と向き合うのは、資本家として生きていく上で大事なことだ。自分が面白いと思うことをやらなければ、独自性が生まれず、コモディティ化してしまう。

「遊び偏差値リスト」は、資本家としての探検を続けるための「仕組み化」でもあるのだ。

[10]

声は大きく！

私が見るかぎり、資本家として成功する人のいちばんの共通点は「声が大きいこと」だ。ボソボソと小声で話す人が成功するケースを見たことがない。だから、資本家軍団で食事をしていると、大体、レストランで「静かに」と怒られる。

「自分はこれをやりたい」「自分にしかこれはできない」という強い気持ちが根底にあるから、声が大きくなる。

それが伝わるから、声の大きい人は他人の心も動かしてしまう。

相対で会社の買収交渉をするときも、大きな声で「自分ならできる」ことをアピールすれば、信頼感が芽生える。それは私自身が現在のファンドを始めるにあたって経験したことだ（私も声は相当大きい）。

自分のやりたいことを、人前で大きな声で言えるか。

資本家としての成否を握るカギは、そんなシンプルなところにもある。

ブックデザイン　萩原弦一郎（256）
編集協力　岡田仁志
嶺竜一
企画協力　現代ビジネス（講談社）
上田裕（NewsPicks）
編集　小木田順子（幻冬舎）
図版・DTP　美創

三戸政和（みと まさかず）

株式会社日本創生投資代表取締役CEO。

1978年兵庫県生まれ。同志社大学卒業後、2005年ソフトバンク・インベストメント（現SBIインベストメント）入社。ベンチャーキャピタリストとして日本やシンガポール、インドのファンドを担当し、ベンチャー投資や投資先にてM&A戦略、株式公開支援などを行う。2011年兵庫県議会議員に当選し、行政改革を推進。2014年地元の加古川市長選挙に出馬するも落選。2016年日本創生投資を投資予算30億円で創設し、中小企業に対する事業再生・事業承継に関するバイアウト投資を行っている。また、事業再生支援を行う株式会社中小事業活性の代表取締役副社長を務め、コンサルティング業務も行っている。著書に『サラリーマンは300万円で小さな会社を買いなさい』『サラリーマンは300万円で小さな会社を買いなさい 会計編』（いずれも講談社＋α新書）がある。

資本家マインドセット

2019年4月10日　第1刷発行
2019年5月15日　第2刷発行

著　者　三戸政和
発行者　見城 徹
発行所　株式会社 幻冬舎
〒151-0051 東京都渋谷区千駄ヶ谷4-9-7
電話 03(5411)6211(編集)
03(5411)6222(営業)
振替 00120-8-767643
印刷・製本所　中央精版印刷株式会社

ISBN978-4-344-03447-1 C0095

幻冬舎ホームページアドレス　https://www.gentosha.co.jp/

この本に関するご意見・ご感想をメールでお寄せいただく場合は、
comment@gentosha.co.jp まで。